KB165769

책의 탄생

조선시대 책의 형태와 구성,
제작의 모든 것

조계영 지음

글항아리

책을 내며

책의 형태에 대한 연구가 어떤 의미를 지닐 수 있을까? 이런 고민에 빠져 있을 때, 헨리 페트로스키의 『서가에 꽂힌 책』은 내게 첫발을 내딛게 해주었다. 이 책을 옮긴 정영목 교수가 조선시대 책의 서사나 형태에 대한 이야기보따리가 있을 텐데 아쉽게도 아직 묶은 끈이 풀리지 않는다고 쓴 후기를 보고 나는 결심했다. 그 보따리의 끈을 풀어 책의 형태와 서사를 말해주겠노라고. 찬찬하고 조심스러운 나는 그 결심 후 20년이 훌쩍 지나서야 책을 내게 되었다.

이 책은 조선 후기 왕실 서책의 형태와 제작 과정 그리고 서책 의례를 깊이 있게 파고든 것이다. 책의 사소한 부분에 생긴 변화를 설명하는 것은, 한편으로는 당연한 역사적 사실을 일깨움과 동시에 그런 변화를 가져온 당대의 숨어 있는 진실을 드러내는 것이다.

이 책에서 소개하는 서책 명칭들은 의궤 기록 그대로 쓰고 쉽게 설명하려고 애썼다. 처음 중국과 일본 용어를 통해 서지학을 배울 때 우리 명칭이 분명 있었을 텐데 아무도 관심조차 갖지 않는 상황이 안타까웠다. 박사학위 논문에서 조명한 '장황粧䌙'을 쓰고 더 이상 '표구'를 사용하지 않는 놀라운 변화를 보고, 논문마다 반드시 의궤 속 우리 명칭을 규명하기 시작했다. 이 책을 읽는 분들이 옛 벗을 찾아낸 것처럼 이들을 반가워하며 자주 불러주기를 기대한다.

이 책은 한국학중앙연구원 한국학총서(왕실문화총서) 사업에서 지원하는 연구 과제 중 하나다. 한국학중앙연구원 장서각에서 싹튼 주제로 연구 지원을 받았으니 내게는 친정과도 같다. 어린 싹에 햇빛과 물을 주며 연구를 성장시킨 곳은 규장각한국학연구원이다. 두 기관에서 이 연구가 가능하도록 지원해주신 모든 분께 감사드린다. 이 책의 연구와 출간을 진행하는 기간이 『규장각도서목록 경부』와 겹쳐 두 해를 기다려준 글항아리에 고마울 따름이다.

지도교수이신 영산瀛山 박병호朴秉濠 선생님께 고문서의 세계를 배우지 못했다면 의궤 속 사람들이 걸어 나오지 못했을 것이다. 규장각에 첫 출근하던 날 마음에 새겨주신 가르침으로 지금까지 탈 없이 연구하고 있으니, 언제나 내 학문의 길에 우람한 거목으로 자리잡고 계신다. 학부 시절 한문학을 탐미할 수 있도록 지도해주신 김명호金明昊 선생님은 아이 둘을 키우던 내게 고문헌관리학과 입학 추천서를 써주셨고, 서울대 교정에서 재회한 후로 찾아뵐 때마다 격려와 함께 예리한 조언도 잊지 않으셨다. 두 스승께서 내게 베푸신 학덕學德에 감사의 큰절을 올린다.

일찍 우리 곁을 떠나신 아버지 몫까지 아플세라 지칠세라 사랑으로 살펴주시는 어머니께 이 책이 소중한 선물이기를. 무엇보다 삶의 반려자이자 학문의 동반자인 이욱 님과, 수업 중인 엄마를 기다리며 대학원 잔디에서 뛰놀던 희우와 단우를 추억하며 함께 출간의 기쁨을 나누고 싶다.

2022년 10월

조계영

차례

1장

왕실 의례와 서책 편찬

연구의 목적과 내용

한 사람이 죽으면 그가 일생 동안 보거나 듣고 생각한 것들도 사라져버린다. 그러나 문자로 써서 남기면 그가 죽은 후에도 전해지고, 나아가 종이에 찍어내면 시간과 공간을 뛰어넘어 보존될 수 있다. 문자를 담고 있는 책의 몸체를 하나로 묶고 몸체를 보호할 옷을 입히는 과정을 통해 정보를 보존하는 매체로서의 책이 완성된다.

책은 종이나 실과 같이 재료가 되는 물질과 그 안에 담긴 내용이라는 정보로 이루어져 있다. 어떤 형태의 책이든 동일한 내용을 보존하고 있다면 '정보 가치informational value'는 다르지 않다. 그러나 책의 가치는 내용만이 아니라 물질을 이루는 요소에 따라 변화하기도 한다.

책을 찍어내는 목적은 일반적으로 정보를 널리 전달하기 위해서이지만, 특정인이 열람하거나 특별한 곳에 봉안奉安해 영구히 보존하기 위해 펴내기도 한다. 이러한 책은 몸체인 책지册紙와 그를 감싸는 옷인 책의册衣가 여타 책과 다르다. 책의 용도에 따라 형태를 이루는 물질이 변화되었다면 책의 가치도 내용이 아닌 형태와 제작 과정에서 달라진다.

책이 완성된 후에 어떻게 전해져왔는가를 규명하는 것은 그 책의 성격을 알 수 있는 중요한 관점이다. 일반인을 대상으로 하지 않는 책은 정보의 공유라는 목적에서 벗어나 후세에 영구히 보존됨으로써 위상을 갖기 때문이다. 물론 책을 형태와 보존의 시각에서 바라볼 때도 내용의 이해는 필요하다. 향유와 보존의 측면에서 책을 고찰하는 것은 책이 존재했던 시간과 공간의 역사를 밝히는 데 긴요한 시각이다.

이와 같이 책에 대한 연구 방법과 내용은 다양하겠지만, 인간의 문화 활동에 있어 중요한 위치를 차지하는 책을 고찰하는 것이 '책의 문화사'다. 이 책에서는 조선 후기 왕실 서책을 중심으로 용도와 형태에 주목해 책이 현재의 모습으로 보존되기까지의 역사를 고찰하고자 한다.

왕실 서책은 국왕을 비롯해 왕비와 왕세자, 왕세자빈 등을 포함한 왕실 구성원을 대상으로 간행된 책을 칭하며, 그중 『열성어제列聖御製』 『선원계보기략璿源係譜紀略』 『궁원의宮園儀』 『국조보감國朝寶鑑』에 주목한다.

특히 왕실 족보인 선원보첩璿源譜牒은 1680년부터 1907년까지 100여 건의 의궤가 작성되었는데, 이 의궤는 조선의 책 문화에 대한 통시적이고도 보편적인 정보를 추출할 수 있는 기록물이다. 의궤에서 추출한 정보는 규장각한국학연구원과 장서각에 현전하는 실물과 대조해 사실을 정밀히 규명할 수 있다.

이 책은 조선 후기 왕실 서책의 형태와 제작 과정, 그리고 서책 의례를 총 8장으로 구성했다. 1장에서부터 4장까지는 왕실 서책의 형태를 이루는 물질을 중심으로 살펴본다면, 5장에서부터 8장까지는 왕실 서책을 만들고 향유하며 보존하는 사람을 중심으로 살펴볼 것이다. 또한 왕실 서책의 존재 방식이 당시 사회와 어떤 관계가 있는지 탐색하면서 그 의미를 찾아나갈 것이다.

1장에서는 왕실 서책 탄생의 배경을 서술한다. 『열성어제』『선원계보기략』『국조보감』은 국왕의 사망이라는 사안으로 편찬이 발의된다. 이어 편찬을 담당할 임시 기구인 청廳을 설치하고 업무 추진을 위한 절목節目을 마련한다. 이것으로 왕실 서책의 탄생을 위한 준비가 시작된다.

인체를 보호하기 위해 옷을 입듯 책의 몸체를 보호하기 위해 입히는 옷을 책의冊衣라고 한다. 책의에는 다양한 정보를 기록하는데 2장에서 이 정보들의 명칭과 의미에 대해 살펴본다.

3장에서는 서책의 용도에 따라 품질이 다른 종이와 비단으로 장황粧䌙한 사례를 고찰한다. 서책 장황은 당시 국정 운영과 경제를 기반으로 한 물질의 흐름을 반영한다. 따라서 장황 재료로 쓰인 물품을 통해 당대의 미시사를 밝힌다.

4장에서는 책지의 종류와 품질, 개장과 세보, 책지를 재단할 때 나오는 굽지에 대해 서술한다. 왕실 서책의 책지는 주로 교서관과 호조의 속사에서 조달했는데, 이것은 경상도·전라도·충청도에서 수량을 나누어 공급한 것이다.

5장에서는 왕실 서책을 만든 장인들의 세계를 그들이 사용한 도구와 물품을 통해 조명한다. 한 권의 책이 완성되기까지 각수를 비롯해 수장제원·균자장·창준·인출장·책장 등은 작업 공정에 따른 역할을 담당했다. 이 장에서는 출판 기술직의 직제와 동원 체계를 비롯해 작업 여건과 처우 등에 대해서도 고찰한다.

6장에서는 왕실 서책을 보존하기 위한 조선 후기의 기록물 보존 체계를 살펴본다. 왕실 서책이 완성되면 먼저 국왕에게 올리는 진상 의례를 거행하고 이후에는 특정한 곳에 봉안하는 의례를 거행했다. 다섯 곳의 선원각과 외규장각에 봉안된 왕실 서책은 포쇄나 봉안 건물의 수리를 통해 관리했으며 해당 사안에 대해 형지안形止案을 작성했다. 형지안에는 봉안처의 구조와 좌목座目 등 흥미로운 정보들이 담겨 있다.

7장에서는 왕실 서책을 완성하고 축하하는 행사들을 살펴본다. 왕실 서책을 완성하는 과정에서 휴지로 발생한 종이는 세초洗草해 종이에 기록한 정보를 알 수 없게 처리했다. 세초를 마치면 국왕은 선온을 내려 신하들의 노고를 위로하고, 신하는 국왕에게 감사드리는 전문箋文을 올렸다. 국왕은 서책을 만드느라 애쓴 관원과 장인에게 각기 맡은 작업과 근무 일수에 따라 상을 내렸다.

8장에서는 국왕이 세자에게 하사한 책 및 국왕과 신하의 화답으로 구성된 갱재축, 영조와 정조의 왕릉까지 따라간 책을 통해 서책이 지닌 내력을 밝힌다. 그 책만이 지닌 특별한 내력은 책과 관계된 사람들에게 함께한 공간과 시간을 공유하고 기억하는 매개로서 작용했다.

이렇게 총 8장으로 구성된 이 책은 세 가지 시각을 교차시켜 왕실 서책의 형태와 제작 과정을 고찰한다. 그 첫째는 왕실 서책이 왕실 의례와 기록 문화의 결합이라는 관점이다. 왕실 구성원들은 개인이라는 사적인 측면과 국가라는 공적인 측면을 함께 지니기 때문에 일생을 의례의 범주 안에서 살아간다. 왕실 서책은 왕실 구성원들의 의례 거행과 밀접하게 연관되어 생산되었다. 따라서 왕실 의례가 왕실 서책 간행에 어떻게 반영되었는지를 살펴본다.

다음은 왕실 서책이 조선의 행정 체계에 따라 인력과 물자를 수급한 결과라는 관점이다. 조선의 관료제는 국왕의 국정 운영을 보좌하는 기능을 수행했다. 모든 관서와 관직은 국왕의 명을 수행하고 그 결과를 보고하는 행정 체계를 따른다. 왕실 서책을 제작하는 임시 기구인 청廳은 필요한 인력과 물자를 상설 관서에 요청하고, 해당 관서는 그것을 조달해 왕실 서책의 간행을 돕는다. 왕실 서책에 대한 의궤에는 서책 편찬 논의에서부터 특별한 장소에 봉안하기까지 모든 과정이 상세히 담겨 있다. 이를 통해 조선의 행정 체계와 책을 만드는 장인들의 세계를 엿볼 수 있다.

마지막은 왕실 서책의 형태가 중국 서책의 수용에 따른 변화를 담고 있다는 관점이다. 조선 후기 사행使行을 통해 수용한 중국 서책들은 조선의 문화 전반에 영향을 끼쳤으며 조선 서책의 형태에도 변화를 가져왔다. 이와 반대로 중국 서책이 조선 서책의 장황 형태로 개장改粧되기도 했다. 이 책에서는 조선 서책의 형태와 용어를 중국 서책과 비교해 서술하고자 한다.

왕실 서책의 편찬 배경

조선 왕실은 사적私的으로 국왕과 왕비를 중심으로 이루어진 왕실 구성원의 가정이다. 그러나 공적으로는 조선의 국권과 정통성을 상징한다. 따라서 국왕을 중심으로 왕실 구성원의 생애에 거행되는 왕실 의례는 국가 의례로 인식되고, 이와 관련해 생산된 다양한 기록물은 조선을 대표하는 기록물로 현전한다.

왕실 의례 가운데 가장 중대한 의례는 국왕의 승하와 선왕의 신위를 종묘에 부묘祔廟하는 의례일 것이다. 선왕이 승하하면 왕위를 계승한 사왕嗣王은 선왕의 시대를 마감하며 선왕을 추모하고 덕업德業을 기억하는 왕실 서책을 편찬하고 간행했다. 『열성어제』『열성어필』『선원계보기략』『국조보감』 등이 이에 해당된다.

조선 후기에 왕실 서책을 편찬하고 간행했던 배경으로 크게 두 가지를 들 수 있다. 하나는 17세기 종법宗法의 확산으로 인해, 국왕을 비롯한 종친宗親들이 왕실을 하나의 종가宗家로 인식했다는 사실이다. 조선 후기의 왕권은 국왕 개인이 아닌 선왕으로부터 이어져 내려온 왕실이라는 개념으로 바라볼 때 국왕들의 인식과 국정 운영을 정확히 파악할 수 있다. 조선 후기에 급격히 확산된 문중門中 중심의 사회 분위기에 영향을 받은 왕실은 그에 대한 대응으로 대종가大宗家로서의 위상과 왕권 확립을 위해 왕실 의례를 정비하게 된다. 1631년에 의창군 이광이 『열성어제』를 편찬한 것으로 시작해, 『열성어필』『선원계보기략』『궁원의』『국조보감』은 종친의 활약을 기반으로 편찬되었다.

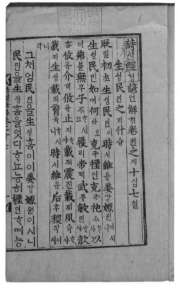

『시경언해』, 장서인 〔廂庫〕, 규장각한국학연구원/중앙도서관(왼쪽).
『효경』, 장서인 〔養心閣〕, 규장각한국학연구원.

　　왕실 서책의 편찬과 간행을 발전시킨 또 다른 배경은 정조 연간
에 건립된 규장각을 비롯한 봉모당奉謨堂과 외규장각의 출현이다.
숙종 연간의 창덕궁에는 서책을 보관하는 건물로 양심합養心閣, 흠
문각欽文閣, 상고廂庫가 있었다. 『시경언해詩經諺解』는 상고에 수장되
었던 책이고, 『효경孝經』은 양심합에 수장되었던 책으로 해당 장서
인藏書印이 찍혀 있다. 1694년에 숙종은 열성의 어제를 봉안하기 위
해 종부시의 한 칸 방에 어필로 쓴 '규장각奎章閣' 편액을 걸었으나
제도는 갖추지 못했다. 정조가 즉위한 1776년에 이르러서야 비로소
규장각을 건립해 자신의 어제와 어필을 봉안하고, 봉모당에는 선왕
들의 기록물을 봉안했다. 마침내 왕실 기록물의 성격에 따라 별도

로 봉안할 수 있는 건물이 세워져, 왕실 서책의 편찬을 촉진하고 영구히 보존할 수 있는 기반이 형성된 것이다.

그 외의 배경으로 경종에서부터 조선 후기의 국왕 중에는 후궁과 세자빈의 소생이 많아 이것이 그들의 정통성에 흠이 되었다는 사실을 들 수 있다. 이와 같은 여건에서 왕위를 계승한 국왕은 항상 자신의 정통성을 확보하고 국왕의 위상을 드러내기 위한 방안을 강구했다. 그러한 시도의 일환으로 왕실 서책의 편찬과 간행은 중요한 역할을 담당했다.

왕실 서책을 처음으로 편찬한 시기와 주도한 인물은 표 1과 같다. 17세기에 왕실 서책이 종친에 의해 활발히 편찬된 것은 조선 후기 문중사회의 확산과 관련지을 수 있다. 이 시기 종친에게 왕실은 공적인 측면보다는 대종가로서의 인식이 우선되었다. 이러한 인식은 정조가 종묘에 행차해 선왕들의 각 신실에 직접 『국조보감』을 올리는 의례를 거행하도록 했다. 역대 선왕들의 덕업을 수록한 『국조보감』은 후계 왕에게는 절실한 기록이자 열람할 수 있는 역사서였다. 따라서 정조는 종묘의 신위와 동일한 위상으로 『국조보감』을 봉안하고, 경연에서 신하들과 강독함으로써 선왕을 높임과 동시에 왕위의 정통성을 드러내고자 했다.

표 1 왕실 서책의 편찬 시기와 편찬자

	편찬시기	편찬자
『열성어제』	1631년(인조 9)	의창군義昌君 이광李珖
『열성어필』	1662년(현종 2)	영양군嶺陽君 이현李儇
『선원계보기략』	1679년(숙종 5)	낭원군朗原君 이간李偘
『궁원의』	1780년(정조 4)	정조 명찬命撰
『국조보감』	1782년(정조 6)	정조 명찬命撰

청의 설치와 절목 마련

왕실 서책 간행을 담당한 관서는 종부시와 임시로 설치한 교정청校正廳·찬집청簒輯廳·감인청監印廳이다. 왕실 서책 중 가장 많은 횟수의 수정과 간행이 있었던 『선원계보기략』은 선원보첩을 담당하는 종부시에서 주관했다. 종부시는 수정할 사안이 발생하면 국왕에게 초기草記를 올려 수정 사항을 어떻게 할지 아뢴다. 국왕이 『선원계보기략』의 수정을 윤허하면 종부시는 사안을 처리하기 시작한다.

영조가 재위한 52년 동안 28회 수정된 『선원계보기략』은 선원보첩의 수정 방안을 정례화하는 바탕이 되었다. 어느 시기에 『선원계보기략』을 수정할 것인가에 대한 영조의 생각은 왕실 의례의 비중에 달려 있었다. 의례를 거행할 때마다 바로 선원보첩에 반영한 것이 아니라, 우선 『국조어첩國朝御牒』만을 수정해 올리는 것으로 대체하기도 했다. 일례로 1727년에 효장세자, 1744년에는 장헌세자의 표덕表德·입학入學·관례冠禮·가례嘉禮와 빈궁을 책봉하는 동일한 성격의 의례를 거행했다. 영조는 1727년 새로 태어난 옹주를 『선원계보기략』에 올리면서 효장세자의 의례 거행을 수정하도록 윤허했다. 그러나 1744년 1월에 거행한 장헌세자의 의례는 먼저 『국조어첩』만을 수정하는 것으로 대체하고, 10월에 있을 자전慈殿의 회갑을 거행한 뒤에 『선원계보기략』을 수정하라고 명했다.

『선원계보기략』의 수정이 결정되면 국왕과 신료들은 간행을 담당할 곳을 종부시로 할 것인지 별도의 임시 기구인 청廳을 설치해 거행할 것인지를 논의한다. 『선원계보기략』의 수정 사항이 많거나 사안의 비중이 크면 종부시에 교정청을 설치했다. 종부시는 정3품관서지만 정2품관서처럼 국왕에게 직접 아뢸 수 있고, 업무와 관련해 다른 관서에 직접 문서를 보낼 수 있었다.[1] 1725년 『선원계보기략』을 수정할 때는 종부시 당상이 겸직이어서 작업을 감독하는 데 전심할 수 없었다. 이에 종부시에서는 보학譜學에 정통한 종친으로서 관직에 있는 종신宗臣을 구관당상句管堂上과 교정관校正官으로 2원員씩 차출해 『선원계보기략』의 수정에 전념하도록 했다.[2]

종부시에서 『선원계보기략』을 수정할 때 긴밀히 협조를 받아야 하는 호조와 공조는 2품 아문이다. 서책 편찬 및 간행에 필요한 인원과 물자를 조달하는 관서가 호조와 공조에 소속되어 있어, 종부시에서 속사屬司에 보내는 문서는 호조와 공조도 참조하게 했다. 이러한 사정을 익히 알고 있었던 종부시에서는 1725년에 1700년·1719년·1723년의 전례와 같이 '교정청'이란 호칭으로 업무를 거행할 수 있도록 국왕에게 아뢰었다. 교정청을 설치하지 않으면 『선원계보기략』을 수정하는 작업에서 구관당상과 교정종신이 소속처가 없어 '쓸데없는 관리'라는 인식이 생길 수 있다는 것이다.[3] 그렇게 되면 수정 작업을 거행하는 종부시로서도 명목이 약해지기 때문에 협조를 요하는 관서와 크고 작은 실랑이가 벌어질 수밖에 없다.

영조 연간에 진행된 26회의 『선원계보기략』 수정 가운데 종부시에서 직접 주관한 것은 12회고, 종부시에 교정청을 설치해 수행한 것은 14회다. 영조는 청을 설치하면 수정 작업이 커지고, 경비로 인한 폐해가 염려되니 되도록 종부시에서 주관할 것을 권했다. 종부시에서도 이것을 염두에 두고 항상 쓸데없는 경비를 줄이고, 그로 인한 폐가 조금도 없도록 하겠다고 아뢰었다.

왕실 족보인 『선원계보기략』은 주로 종신들이 주도하여 수정했는데 이에 대해 적극적으로 나오지 않는 관서, 즉 관료들에 대한 인식을 보여주는 기록이 의궤에 있다. 1735년 11월 26일 영조는 교정청의 여러 당상과 청대請對했는데, 구관당상인 밀양군密陽君 이완李梡이 다음과 같이 아뢰었다.

사가私家로 말하자면 족보를 개간開刊할 때 자손들이 마음을 다하지 않는 것이 없는데, 근래에 해조該曹의 지체가 막심합니다. 지금 종부시에 비어 있는 건물이 있는데 거의 쇠락하여 창호가 찢어지고 방의 온돌이 내려앉았으나, 때맞추어 수리한다면 일을 시작할 수 있는데도 호조는 조달하지 않고 문서만 왔다 갔다 하니 체모만 손상시킬 뿐이기에 아룁니다.[4]

종신 밀양군 이완은 『선원계보기략』을 사가의 족보에 비유해 호조의 민첩하지 않은 대응을 꼬집었다. 16세기 말에서 17세기 초 사가에서는 족보 간인이 활발히 이루어졌다. 즉 사대부들이 자신의 족보를 간행할 때는 마음을 다해 애를 쓰면서, 『선원계보기략』을 수정할 때는 일을 즉시 처리하지 않고 미루기만 한다는 것이다. 이에 대해 영조는 '선원록 교정청'이라는 사안이 중대하고, 이미 「교정청절목校正廳節目」을 내렸으니 각별히 신칙하라고 명했다.

영조 연간에는 『선원계보기략』을 수정할 때 『국조어첩』을 함께 수정했는데, 먼저 『국조어첩』의 초본草本을 써내면 다음으로 서사관書寫官을 계하啓下했다. 『국조어첩』의 서사를 마치면 『선원계보기략』의 수정을 거행하게 된다. 『선원계보기략』은 초초初草-중초中草-정서正書를 마치면 어람을 거친 후 정서본을 교말膠末로 판목에 뒤집어 붙여 각수가 글자를 새긴다. 판각을 마치면 용도에 따라 봉안건奉安件·진상건進上件·진헌건進獻件·반사건頒賜件을 인출한다.

교정청에서 『선원계보기략』을 수정할 때의 '응행절목應行節目'은 당해의 여건과 상황에 따라 변하거나 추가되는 조목이 있지만 기본 조목은 다음과 같다. 1747년 2월 20일 「교정청절목」에는 "각사에서 나온 관리 가운데 태만한 자는 관원일 경우 분패粉牌로 나오게 하고, 하인은 바로 가두어 죄를 다스릴 것"이라는 조목이 추가되었다.[5] 이 조목에 따라 교정청은 2월 23일에 전옥서典獄署의 형방서리刑房書吏와 쇄장鎖匠이 태笞·장杖·가枷를 가지고 수정을 마칠 때까지 교정청에 대령하라는 감결을 내린다.[6]

「선원보략수정시응행절목璿源譜略修正時應行節目」 1725년 4월일[7]

① 서사를 위해 더 차출한 충의위 1인은 전례에 의해 군직을 주어 관

대하고 늘 출근하되 본시의 충의위 1인과 일체 함께 거행할 것.

② 본청 당상과 낭청이 쓸 인신印信 각 1과는 해조에서 수송하도록 할 것.

③ 당상·낭청·교정관은 제관에 차정하지 말고, 모든 공회에 참석하지 말며, 복제의 식가를 없애고, 모두 공무를 행하도록 할 것.

④ 서리·고자·사령 등은 종부시 원역으로 겸하여 살피게 하고, 수직군사 1명과 다모 1명은 해조에서 역을 마칠 때까지 정송하도록 할 것.

⑤ 본청 당상은 이틀 걸러 근무하고, 도청·낭청·교정관은 매일 근무한다. 매월 그믐에 진부진단자進不進單子를 입계할 것.

⑥ 들어갈 판자板子는 예에 의해 해사에서 진배하도록 하고, 공사 백휴지는 다달이 두 근씩, 황필은 다섯 병, 진묵은 다섯 정을 또한 각 해사에서 진배하도록 할 것.

⑦ 책자에 들어갈 종이와 필묵을 비롯한 모든 응당 들어갈 물품과 포진 등은 계묘년 1723년 예에 의해 각 해사에서 진배하도록 할 것.

⑧ 미진한 조건은 뒤에 마련할 것.

『열성어제』의 간인 사례는 1726년 경종의 어제를 간인할 때의 의궤를 통해 알 수 있다. 당시 영조는 『열성어제』라는 사안으로 보면 마땅히 청을 설치해 간인해야 하지만, 어제의 편수가 많았던 숙종과는 상황이 다르니 청을 설치할 필요가 없다고 했다. 영조는 종부시에서 교정관을 임명해 『선원계보기략』을 간인할 때의 전례대로 경종의 어제를 교정하도록 명했다. 1691년에는 종부시에서 주관하여 『열성어제』를 간인했으며, 종신인 성평군成平君 이탁李濯이 교정을 맡았다. 영조는 이 전례에 따라 교정관을 종신으로 임명하도록 했고, 종신 해춘군海春君 이영李㑍이 교정관이 되었다. 1720년 숙종의 어제를 간인할 때는, 우의정 이건명李健命이 선원록을 교정할 때 청을 설치한 전례에 따라 교정청을 설치할 것을 건의했다.[8]

국왕이 지은 글이라는 어제御製의 위상은 교정청을 설치하기에 충분했지만, 일의 규모가 작을 때는 사안의 중요도만을 고집하지 않고 절용하는 방침으로 조처했다. 이처럼 청의 설치 여부는 『선원계보기략』 수정에서도 항상 관건이었고, 경비를 최소화하려는 노력으로 관서와 신하들의 갈등을 조정하면서 지속적으로 간인했다.

왕실 서책 가운데 종부시가 주관해 설치한 교정청이 아닌, 감인청을 설치해 간행한 책은 『국조보감』과 『궁원의』다. 1782년 『국조보감』을 간인할 때는 정종에서 영조까지 보감이 편찬되지 않은 13조朝의 보감을 찬집纂輯하기 위해 먼저 찬집청을 설치했다. 1781년 7월 12일의 '찬집청사목'은 앞서 인용한 「선원보략수정시응행절목」의 ② ③ ④ ⑦ ⑧과 같은 내용이다.[9]

이듬해인 1782년 4월 26일에는 찬집한 보감의 교정을 모두 마치고 인출만을 남겨두고 있었다. 이에 따라 찬집청에서 감인청으로 호칭을 바꾸고 감인에 관련된 업무를 시작했다. 이를 위해 보감을 교정소校正所에서 감인청으로 옮겨서 봉안했다. 찬집청에서 찬집과 교정을 맡았던 당상과 낭청만을 감하고, 감인청으로 업무가 인계되었기 때문에 '감인청사목'은 별도로 마련하지 않은 듯하다.

『궁원의』는 1780년 4월에 처음으로 교서관에서 간인됐고, 궁원에 관련된 전교와 거조擧條를 증수해 1785년 7월에 중간重刊되었다. 1785년에는 감인청을 설치해 『궁원의』를 교정하고 인출을 감독했다. 『궁원의』는 장헌세자의 사당인 경모궁景慕宮 신실에 봉안한 책으로, 궁원제를 왕실 의례로 정례화시킨 책이다.

왕실 서책 중에서 사안이 가장 중요한 것은 『국조보감』이라고 할 수 있다. 1781년 8월 29일 정조는 지방에 있는 문형文衡을 차출해 『국조보감』의 발문을 지어 올리게 했는데, 올라오지 않자 국체國體를 생각하면 한심하지 않을 수 없다며 교정당상 채제공蔡濟恭을 종중추고從重推考했다. 이때 정조는 『열성어제』나 『선원계보기략』과 비교하면 『국조보감』이 가장 중요하다고 표명했다.[10] 이러한 정조의 인식은 왕실 서책의 봉안처와도 무관하지 않을 것이다. 즉 국왕이 종묘에 가서 선왕의 신실에 직접 봉안한 『국조보감』은 선왕의 신위神位에 버금가는 상징과 위상을 지닌 책이라고 할 수 있다.

활자와 책판의 선택

옛 책의 형태에는 사람이 붓으로 직접 글씨를 쓴 필사본筆寫本과 나무에 새겨 찍어낸 목판본, 그리고 활자를 배열해 찍어낸 활자본이 있다. 필사본은 상당한 시간과 노력을 요하기 때문에 책이 확산되는 범위와 속도가 제한된다. 활자본은 빠른 시간 안에 소량을 인출하고 활자판을 해체하기 때문에 한정된 부수만 찍을 수 있다. 이에 반해 책판은 한번 새기면 언제든 원하는 수량만큼 다시 찍어낼 수 있다. 이런 이유로 조선시대에는 책을 널리 전파하고 영구히 보존하기 위한 방법으로 필사나 활자보다는 책판을 선택했다.

활자는 처음 어미자母字를 주조할 때만 글씨를 쓴 사람의 필체가 반영된다. 예를 들어 1455년 강희안姜希顔의 글씨를 자본字本으로 만든 금속활자인 을해자乙亥字는 『어제병장설御製兵將說』 『속동문선續東文選』 등 여러 책을 찍어냈다. 이 책들은 같은 활자로 인출했기 때문에 글자 모양이 유사하다. 그러나 책판은 필사자의 글씨를 그대로 목판에 새기는 까닭에 각기 다른 서체를 고스란히 표현할 수 있다. 이러한 특성을 이용해 서책에는 주로 목판에 새겨내는 부분이 있다.

왕실 서책도 후대에 언제든 대량으로 인출이 가능한 책판을 선호했다. 『선원계보기략』은 중교보간重校補刊이라는 왕실 족보의 특성상 책판으로 인출했고, 『국조보감』과 『열성어제』는 선왕들을 이어 함께 간행하는 '합부合附'의 특성으로 책판이 선택되었다.

그러나 『궁원의』는 책판과 활자를 함께 사용해 인출한 책이다. 『궁원의』는 책을 인출할 때 어떤 부분을 활자로 하고 어떤 부분을 책판으로 하면 좋은지를 잘 보여준다. 1785년에 『궁원의』를 두 번째로 간행해 경모궁에 봉안하기까지 모든 과정을 수록한 『궁원의감인청의궤宮園儀監印廳儀軌』가 있다. 의궤에는 두 책으로 장책粧冊한 『궁원의』가 어떻게 구성되어 있는지 '권질卷帙'에 명칭과 인출 방법이 기록되어 있다. 현전하는 『궁원의』의 구성 요소와 인출 방법은 표 2와 같다.

표 2 1785년 『궁원의』 인출 내역

권질	구성 요소	장수	인출 방법
상권上卷 72장	① 편제編題	1장	간인刊印
	② 어제御製 「궁원의인宮園儀引」	2장	간인
	③ 궁원의도설목록宮園儀圖說目錄	10장	활인活印
	④ 도설圖說	59장	간인
하권下卷 82장	⑤ 궁원의의주목록宮園儀儀註目錄	2장	활인
	⑥ 궁원의의주宮園儀儀註 권지상卷之上	47장	활인
	⑦ 궁원의의주宮園儀儀註 권지하卷之下	13장	활인
	⑧ 궁원의부록宮園儀附錄	17장	활인
	⑨ 발문跋文	2장	활인
	⑩ 좌목座目	1장	간인

인출 방법에서 간인은 책판으로, 활인은 활자로 인출한 것을 말한다. 책판과 비교해 활자가 지닌 장점은 글자 모양의 섬세함과 아름다움이다. 그러나 책을 구성하는 요소 중에는 활자 대신 책판으로 인출한 것이 있다. 『궁원의』에서 예를 들면 ① ② ④ ⑩이 책판으로 인출한 것이다. ①편제는 요즘 책에서 표지와 면지 다음에 나오는 속표지에 해당된다. ②어제는 『궁원의』 서문에 해당되는 것으로 정조가 지은 「궁원의인」이다. 정조는 이 글을 이복원李福源에게 쓰게 해 목판에 새겼다.

④도설은 그림과 글로 사물이나 개념을 설명하는 것이다. 도설은 그림에 글자가 들어가는 것도 있지만, 대개 그림을 중심에 두고 그

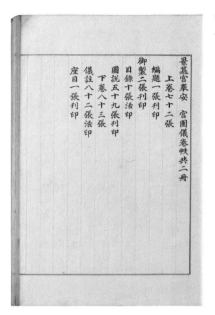

『궁원의감인청의궤』, '경모궁봉안궁
원의권질공이책', 한국학중앙연구원.

아래 또는 좌측에 설명을 붙였다. 이는 그림과 글의 장점을 이용해 정확한 정보를 전달할 때 유효한 도구였다. ⑩좌목은 책을 교정하거나 감인한 담당자의 명단이다. 조선시대 관원은 보통 두세 개의 직함을 겸직했기 때문에 품계와 직함을 한 줄에 적으려면 글자 수에 따라 크기를 조절해야 한다. 따라서 동일한 크기의 활자로 좌목을 인출하면 한 사람이 한 줄 이상을 차지하기 때문에 대개 목판에 새겼다.

활자로 인출하는 부분은 ③과 ⑤의 목록, ⑥과 ⑦의 의주, ⑧부록이나 ⑨발문과 같이 글자가 많은 부분이다. 이처럼 『궁원의』는 활자와 책판으로 찍어냈기 때문에 서책의 형태를 기술할 때 유의해

야 하는 책이다. 『궁원의』는 편제가 있는 왕실 서책으로 1780년과 1785년에 두 차례 간행된 책이다. 선왕의 승하로 인해 한 번만 편찬되는 여타의 왕실 서책과 구별된다. 경모궁에 봉안한 『궁원의』의 책의는 남대단藍大緞, 제목은 백공단白貢緞, 홍협紅挾은 홍공단紅貢緞으로 장황했다.

서책을 인출할 때 활자가 지닌 장점을 살리면서도 언제든 원하는 만큼 찍어낼 수 있는 방법은 무엇일까. 활자와 책판의 장점을 모두 취하려는 고민은 정조가 『국조보감』을 인출할 때의 논의에서 잘 나타난다. 1782년에 『국조보감』을 간인하는 모든 과정을 수록한 『국조보감감인청의궤國朝實鑑監印廳儀軌』는 이 논의를 중요한 쟁점

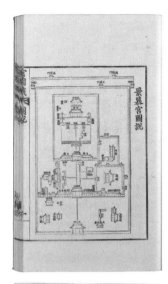

『궁원의』, 「경모궁도설」 책판 인출(위),
『궁원의』, 「경모궁의」 활자 인출,
한국학중앙연구원.

중 하나로 다루었다.

1782년 4월 25일 대신과 비변사의 당상들이 입시한 가운데, 정조가 『국조보감』을 인출하기 위한 물자가 마련되었는지 호조판서인 김화진金華鎭에게 물음으로써 논의는 시작되었다. 김화진은 활자로 인출하는 것과 목판에 새기는 것이 소요되는 경비의 측면에서는 큰 차이가 없다고 했다. 책판에 들어가는 판가板價가 1000여 량兩이 될 것이고, 활자로 인출할 때와 비교하면 책판이 경비가 조금 더 들지만, 활자로 인출하는 데 들어가는 물자도 1000금金 아래로는 내려가지 않는다는 것이다. 게다가 『국조보감』이라는 서책의 중요성을 생각하면 책판 인출이 합당하다는 의견을 피력했다.

이에 대해 영의정 서명선徐命善은 사가私家의 예를 들어 소요 경비를 계상했다. 그는 사가에서 서책을 인출할 때 활자 인출에 드는 비용이

약 100여 량인데 목판에 들어가는 비용은 번번이 300~400량을 넘고, 인건비를 계산하면 두 배일 뿐만 아니라, 판각하는 데 필요한 정서 작업이 매우 어렵다는 세 가지 측면을 언급했다. 따라서 그는 『국조보감』을 먼저 활자로 인출하고 이후의 번각翻刻은 경상감영嶺營이나 평안감영箕營에 내려보내 100부 정도 인출할 것을 제안했다.

두 사람의 의견을 들은 정조는 활자로 인출한 책본冊本을 외방外方에 내려보내면 외방에 폐를 끼치게 될 뿐 아니라, 책본을 옮기는 절차도 여러 가지로 쉽지 않을 것이라고 했다. 또한 『국조보감』을 활자로 인출하든 책판으로 인출하든 교서관에서 인출해야 한다고 표명했다.

형조판서인 서유린徐有隣은 많은 수량을 배포하려면 책판만 한 것이 없다고 아뢰었다. 정조는 이에 동의하면서, 『국조보감』의 소중함을 생각하면 물자와 인건비를 논할 필요가 없다고 했다. 이는 『국조보감』 간인에 대한 정조의 확고한 생각을 엿볼 수 있는 발언이다. 서명선은 책판이나 활자를 막론하고 인출 경비는 1만여 량이 들어갈 것이라고 아뢰었다.

이튿날인 4월 26일에는 감인청 당상 정창성鄭昌聖이 『열성지장통기列聖誌狀通紀』를 활자로 인출한 전례를 따를 것을 아뢰자, 정조는 어제御製는 모두 책판으로 간인했는데 『국조보감』은 어제에 비교해도 중요함이 다르지 않으니 활자로 인출할 필요가 없다고 했다.

감인청 당상 심염조沈念祖는, 목판에 판각할 때 필요한 책본의 정서正書를 사자관寫字官에게 시켜야 하는데 글씨를 잘 쓰는 사람이 10여 인밖에 없다고 아뢰었다. 또한 한 사람이 하루에 쓸 수 있는 양은 두세 장에 불과해 서사 작업이 늦어질 것이고, 글자 모양도 크기가 활자만 못할 것이라는 의견이었다. 정창성은 한 사람이 사흘 동안 한 판을 판각하니, 작업을 마치는 속도는 각수의 인원에 달렸다고 아뢰었다. 이에 정조는 활자로 한 장을 인출한 후 목판에 번각해 비용을 줄이는 방안을 제안했다.

4월 28일 우승지右承旨와 감인당상인 심염조, 정창성이 입시해 시험 인출의 결과를 보고했다. 『국조보감』의 책본을 새로 정서하는데 들어가는 경비는 179량이고, 활자로 인출하면 91량이 들어가는데 정조가 제시한 방안대로 활자로 인출한 후 목판에 새겨보니 글자 모양이 좋아 가지고 왔다는 것이다. 이를 살펴본 정조도 글자체에 만족하여 이 방법으로 인출하기로 결정했다.

이상에서 살펴본 바와 같이 『국조보감』은 책판 인출로 정했으나 활자로 인출된 부분도 있다. 종묘 각 실에 봉안한 『국조보감』에는 해당 보감의 마지막 편 끝 장에 보감을 찬집한 신하의 성명을 수록했다.[11] 이 좌목은 별도의 책지에 인출해 본편本編 끝에 함께 장책했다. 보감의 본편은 책판으로 인출하고 좌목은 활자로 인출해 인찰판의 크기가 다르지만, 좌목의 장차張次는 본문의 마지막 장차에 이어서 매겼다.

활자로 인출한 이 좌목은 책판으로 인출한 『궁원의』의 좌목과는 다른 형태다. 『태조보감』은 1편編 30장으로 구성되었는데, 이를 찬집한 신하는 신숙주申叔舟, 권람權擥, 이극담李克墈이다. 좌목에는 찬집 신하 세 사람을 여덟 줄에 걸쳐 수록했다. 한 사람을 한 줄에 수록한 책판의 좌목과 비교할 때 활자로 인출한 좌목은 책판보다 가

독성이 더 떨어진다.

여기에서 '번각'이라는 용어에 주목할 필요가 있다. 정조 연간에 책판으로 인출한 책 중에는 『국조보감』처럼 먼저 활자로 인출한 다음 그것을 목판에 뒤집어 붙여 새겨서 찍어낸 사례가 많다. 『주서백선朱書百選』을 예로 들면, 1781년 주자소에서 정유자丁酉字로 인출해 반사했는데, 이후 1783년 호남과 영남, 그리고 관서의 감영에서 반사건을 가지고 번각하고 그 책판을 수장하도록 명했다.[12]

이와 같은 사례 때문에 번각은 '이미 간행한 책을 풀어 한 장씩 목판에 뒤집어 붙인 후 그대로 새겨내는 것'으로 인식되어왔다.[13] 그러나 번각은 글자 뜻 그대로 '뒤집어 새기다'라는 의미다. 그 예로 1797년 6월 정조는 『오경백편五經百篇』을 목판에 새길 때 필요한 책본을 쓸 경상감영의 영리營吏 5인을 규장각으로 불러들였다. 이때 규장각에서 경상감영에 관문關文을 발급했는데 관문에서 전교에 따라 번각한다는 뜻을 '의교번각依敎飜刻'이라고 표현했다. 서책을 처음부터 목판에 새길 때도 책본을 뒤집어 붙여 새기는 작업은 동일하며 이것을 번각이라고 지칭한 것이다.

특히 기존의 '활자 인본印本을 목판에 뒤집어 붙여 그대로 새겨낸 중간본重刊本'을 번각으로 지칭한 것은 협의의 개념이다. 번각은 목판에 종이를 뒤집어 붙인 후 새겨낸 책판을 제작하는 작업 공정을 지칭하는 용어다.

2장

책의 옷에 담긴 정보

장제목과 횡제목

먹으로 찍어내는 서책은 초초初草와 중초中草 과정을 거쳐 편찬이 완료되면, 첫 번째로 시험 삼아 찍어낸 초견 인출지와 두 번째로 찍어낸 재견 인출지를 가지고 교정한다. 교정을 마치고 찍어낸 정본正本 인출지가 책지이며 일정량의 책지를 묶어 서책의 몸체를 만든다. 사람이 인체를 보호하기 위해 옷을 입듯 책의 몸체를 보호하기 위해 옷을 입히는데 이 옷을 책의冊衣라고 한다. 중국에서는 책의를 서의書衣라고 부른다.[1]

책의는 20세기 초까지 근대 인쇄물에서도 사용한 용어인데 현재는 표지라고 부른다. 그렇다면 언제부터 책의를 표지라고 부르게 되었을까. 그 배경은 『물품취급내규物品取扱內規』에서 실마리를 찾을 수 있다. 이 책은 일제강점기에 이왕가李王家의 제향을 관리한 이왕직李王職 예식과禮式課에서 물품 관리의 통일성을 위해 일본어로 물품명을 정비하고 취급 방법을 제정한 것이다.[2]

이 책에서는 소모품의 품명에 대해 조선의 명칭을 '구舊', 일본의 명칭을 '신新'으로 구분해 제시했다. 책의에 해당되는 품명을 보면 '미농책의美濃冊衣·반지책의半紙冊衣·황책의黃冊衣·철책의綴冊衣'를 '미농표지美濃表紙·반지표지半紙表紙·황표지黃表紙·철표지綴表紙'로 수록했다. 즉 조선의 책의가 일제강점기에 표지로 개칭되어 현재까지 사용하게 된 것이다. 이 장에서는 왕실 서책의 책의에 담긴 정보를 살펴보고자 한다.

장제목長題目은 책의의 왼쪽 상단에 세로로 길게 적은 서명書名을 말한다. 이 서명은 책의에 가장 큰 글자로 적기 때문에 대제목大題目이라고도 부른다. 본문의 책지와 대비해서 책의를 권외卷外·외면外面·책면冊面으로 부르며, 별도의 종이에 서명을 써서 책의에 붙인 것을 표제標題라고 부른다.[3] 책의에는 간략하게 줄인 서명을 적기도 하므로, 본문이 시작되는 권수卷首에 있는 서명이 장제목보다 완전한 경우가 많다.

장제목은 대개 붓으로 쓰는데 별도로 종이에 인출한 서명을 책의에 붙이기도 했다. 책수가 많은 실록은 장제목을 목판에 새겨 종이에 찍어낸 표제를 붙였다. 그중 『노산군일기魯山君日記』는 복위復位 사실을 서명에 반영하는 사안이 1704년에 쟁점이 되었다. 8월에 기사관記事官 이재李縡는 정족산 사고에 가서 실록을 고출考出하는 업무를 담당했다. 그 과정에서 이재는 실록각에 봉안한 『노산군일기』 장제목을 확인하게 되었다. 이재는 1698년에 단종이 복위되었는데도 『연산군일기』나 『광해군일기』와 같이 『노산군일기』로 두는 것은 온당치 못하므로 책의冊衣의 서명을 '단종대왕실록端宗大王實錄'으로 고쳐야 한다고 건의했다.

『단종실록』, 표제,
규장각한국학연구원.

　이에 대해 숙종을 비롯한 대신들은 찬반 의견으로 대립했다. 이
논의는 1469년 편찬 당시 '노산군일기'로 명명한 사실과 1698년 단
종 복위 사실을 기록물에 어떻게 수용할 것인가에 대한 문제였다.
결국 『노산군일기』의 권내卷內 기록은 그대로 보존하면서 단종 복
위 사실을 반영해 권외 표제를 '단종대왕실록'으로 고치고, 이 사
실을 모두 수록한 『단종실록부록』을 간행하는 것으로 결정됐다. 현
전하는 『단종실록』의 장제목을 보면 이전에 붙였던 장제목 자리에
'단종대왕실록'을 인출한 표제를 붙여놓았다. 이처럼 책의에 쓴 장
제목의 변화에는 당대의 쟁점이었던 석실비장石室秘藏의 사고 기록

『단종실록』, 권수제,
규장각한국학연구원.

물을 보존하려는 역사 인식과 실천이 담겨 있다.[4] 그 결과 『단종실
록』은 수록 내용에는 변화가 없지만 장제목과 권수제가 완전히 다
른 책이 되었다.

　횡제목橫題目은 서책의 내용을 구성하는 편목篇目을 책의의 오른쪽
상단에 가로로 적은 것이다. 이렇게 편목을 적어두면 각 책에 수록
된 내용을 쉽게 알 수 있기 때문에 편리하다. 『선원계보기략』의 횡제
목은 해당 책에 어떤 군파君派의 자손을 수록했는지 보여주기 때문
에 매우 유용하다. 편목이 많을 경우에는 두 단으로 나누어 적는데,
우측에서 좌측으로 적어나가다가 아랫단으로 내려가 나머지 편목을

적었다.

왕실 서책의 장제목과 횡제목은 책의의 재료에 따라 두 가지 방법으로 적었다. 봉안건과 진상건을 비단으로 장황할 경우에는 장제목과 횡제목을 별도의 비단에 써서 책의에 붙인다. 장제목과 횡제목은 책의 색깔에 어울리는 비단을 택해 썼다. 책의를 종이로 만들었을 경우에는 책의에 바로 제목을 썼다.

책의를 남대단藍大緞이나 홍초紅綃로 장황하면 장제목과 횡제목은 백릉白綾이나 백공단白貢緞에 적었다. 비단 제목은 홍방사주紅方紗紬나 홍공단紅貢緞으로 선縇을 둘러 조화롭게 장황했다. 제목을 만드는 순서는, 먼저 장제목과 횡제목의 위치를 가늠해 홍방사주를

2~3밀리미터 정도로 가늘게 오려 책의에 붙인다. 그런 다음 장제목과 횡제목을 선 안쪽으로 보기 좋게 앉히는 것이다. 제목을 도드라져 보이게 하는 '제목선題目縇'은 보통 홍색의 비단을 쓰기 때문에 '홍협紅挾'으로 부르기도 한다.

1782년 종묘 신실에 봉안한 『국조보감』은 남화화주藍禾花紬 책의와 백광적白廣的 장제목으로 장황하고, 장제목은 홍화화주紅禾花紬로 선을 둘렀다. 종묘 봉안건은 각 신실神室에 해당되는 선왕의 『국조보감』을 봉안하기 때문에 책의에 장제목만 있다. 그 외에 종이로 장황한 『국조보감』은 횡제목 위치에 해당 책에 수록된 국왕을 적었다.

1832년 10월 3일 내각內閣에서 효명세자의 예제睿製 세 건을 선사繕寫해 순조에게 진상한 4책의 장황은 표 3과 같다. 예제는 세 가지 직물로 책의를 만들고 표제는 동일하게 백공단에 '경헌집敬軒集'으로 적었다. 귀중한 서책은 책사冊絲로 묶은 우측 양끝 모서리에 종이나 직물을 덧대어, 보호하는 기능과 함께 아름답게 장식하는 효과를 낸다. 중국에서는 서책의 우측을 '서뇌書腦', 상하 양 모서리를 '서각書角', 서각을 싸는 것을 '포각包角'이라고 한다.[5]

『경헌집』은 남藍·옥玉·황黃색 책의에 맞춰 황·홍·남색 가지주可只紬로 포각을 덧댔는데, 등록에서는 포각을 '과두裹頭'라고 지칭했다.[6] 이를 통해 조선에서는 서각을 '서두書頭'로 불렸음을 알 수 있다. 장황을 마친 『경헌집』은 책갑에 넣어 진상했는데 책갑의 표제는 장제목과 동일하게 백공단에 적었다. 『경헌집』은 1832년에 선사한 후 두 번째 선사한 네 건을 1833년 4월 10일에 진상했는데 장황 재료를 달리했다.[7] 한국학중앙연구원에 현전하는 6책의 『경헌집』 두

『경헌집』 황궁초 책의(왼쪽)와
남가지주 과두, 한국학중앙연구원.

『경헌집』 옥색도류불수단 책의(왼쪽)와
홍가지주 과두, 한국학중앙연구원.

건은 ㉠과 ㉡의 장황 형태를 지니고 있어 흥미롭다.

표 3 1832년 효명세자 예제 『경헌집』의 장황

장황 요소	㉠ K4-421	㉡ K4-420	㉢
선사지繕寫紙	분당지粉唐紙	책장지冊壯紙	책장지冊壯紙
책의冊衣	황궁초黃宮綃	옥색도류불수단 玉色桃榴佛手緞	남도류불수단 藍桃榴佛手緞
과두裹頭	남가지주藍可只紬	홍가지주紅可只紬	황가지주黃可只紬
책갑冊匣	반문왜단斑紋倭緞	녹금단綠金緞	홍금단紅金緞
책갑내도內塗	초록화주草綠禾紬	홍화주紅禾紬	남화주藍禾紬
책·갑 표제標題	백공단白貢緞		

책차와 총 책수

서책의 내용과 형태를 지칭하는 권卷과 책冊은 조선시대에도 많이 혼용됐다. 권은 서책의 몸체에 담긴 정보를 구분하는 단위로 챕터chapter에 해당된다. 책은 서책을 묶은 형태를 세는 단위이며 볼륨volume을 말한다. 서책의 권질卷帙을 몇 권 몇 책이라고 갖추어 말하지 않고 한 가지만을 언급할 때는 대개 장책粧冊한 형태의 책수冊數를 가리킨다.

책차冊次는 장제목 아래 한 글자 정도 사이를 두고 장제목보다 작은 크기로 적는다. 책차는 책의 차례를 나타내는 것으로 완질의 총 책수에 따라 표현이 다양하다. 책 내용이 몇 권 되더라도 한 책으로 묶었다면 책차를 '단單'이나 '전全'으로 쓴다. 한 책일 때는 책

차를 쓰지 않은 경우가 많다. 두 책으로 장책했을 때는 '건乾·곤坤'이나 '상·하'로 적고, 3책일 때는 '천·지·인'이나 '상·중·하'로 적는다. 보통 '1·2·3·4……'와 같이 아라비아숫자로 적거나, '권지일卷之一, 권지이卷之二, 권지삼卷之三……'과 같이 권의 차례인 권차卷次를 쓴다. 목록이나 부록 등을 별도의 책으로 묶었을 때는 장제목 아래 '목록目錄'이나 '부록附錄'이라고 적는다.

총 책수는 한 질을 이루는 서책이 모두 몇 책인지를 적은 것이다. 대개 한 질의 모든 책에 총 책수를 적는데 첫 번째 책에만 쓰기도 한다. 조선시대의 책은 우측에 낸 구멍 다섯 개를 실로 묶었는데 이 실을 책사冊絲라고 부른다. 총 책수는 아래부터 시작해 첫 번째와 두 번째 책사 사이에 적었다. 만약 어떤 책이 5책으로 구성되었다면 '공오共五'라고 적는다. '공共'자 아래 총 책수를 적었기에 이를 보고 현전하는 책의 완질 여부를 알 수 있다. 권질이 하나도 빠짐없이 완전하게 갖추어진 책을 완질본完帙本이라고 하고, 완질에서 조금 부족한 책을 낙질落帙本이라고 한다. 총 책수에서 대부분이 없고 한두 책만 남은 책을 영본零本이라고 한다.

표 4 총 책수에 따른 책차 명칭

총 책수	책차
1책	全, 單, 完
2책	上·下 乾·坤
3책	上·中·下 天·地·人

4책	元·亨·利·貞 春·夏·秋·冬 禮·義·廉·恥
5책	仁·義·禮·智·信 宮·商·角·徵·羽
6책	禮·樂·射·御·書·數
8책	金·石·絲·竹·匏·土·革·木
9책	首·金·石·絲·竹·匏·土·革·木

장혼張混(1759~1828)의 시문집인 『이이엄집而已广集』은 8책이 한 질인데 서책의 책차를 아악雅樂의 팔음八音으로 매겼다. 팔음은 악기를 만들 때 주재료가 되는 쇠金·돌石·실絲·대나무竹·바가지匏·흙土·가죽革·나무木에 따라 악기를 분류하는 방법이다.

왕실 서책 중에는 비단으로 장황한 책의에 총 책수를 붓으로 기록한 책도 있고 그러지 않은 책도 있다. 1726년에는 경종의 어제를 편찬한 후 선왕들의 『열성어제』에 이어붙인 '합부合附'의 형태로 18권 9책을 간행했다. 이때 처음으로 18권의 전체 목록을 별도로 마련했고, 진상건의 목록은 상·하 2책으로 묶었다. 비단으로 장황한 『열성어제』의 총 책수는 목록 2책과 어제 9책을 합해 '공십일共十一'이다.

숙종이 승하한 후 1720년에 간행한 『열성어제』는 17권 8책이었다. 국립고궁박물관에는 1721년 3월 21일 화릉군花陵君 이조李洮에게 내사한 『열성어제』가 현전한다. 이 책의 면지에는 동부승지同副承旨 이세근李世瑾이 서명한 내사기內賜記가 있다. 책지의 첫 면에는 서책의 반사를 담당했던 승정원에서 〔선사지기宣賜之記〕를 찍었다.

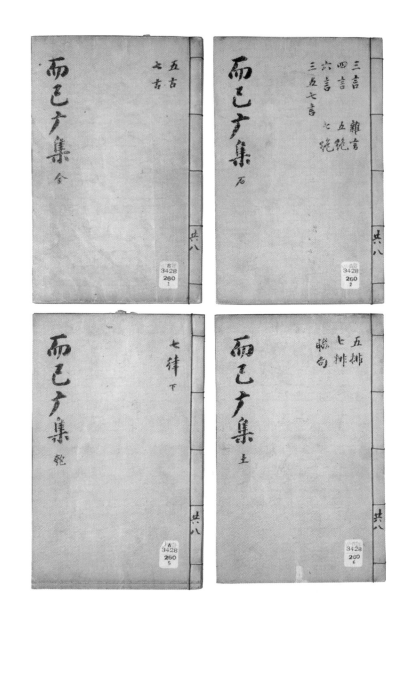

而已广集　全　　五古　七古　共八　3428 260 1

而已广集　石　　三言　難音　四言　五絕　六言　七絕　三五七言　共八　3428 260 2

而已广集　　七律　下　共八　3428 260 5

而已广集　上　　五排　七排　聯句　共八　3428 260 6

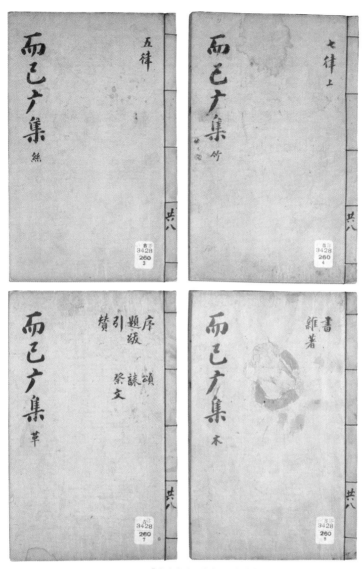

『이이엄집』책차, 규장각한국학연구원/중앙도서관.

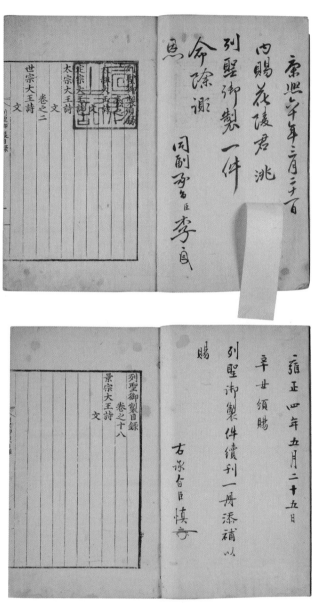

『열성어제』(1721), 내사기(위)와
『경종어제』(1726), 내사기, 국립고궁박물관.

1721년 『열성어제』를 이미 받은 이들에게는 1726년 추가된 목록 상하 1책과 『경종어제』 1책만을 반사했다.[8] 이조가 받은 『경종어제』 면지에는 '1726년 5월 25일에, 1721년 반사한 『열성어제』 건에 이어 간행한 1책을 보태어 반사한다'는 내사기와 우승지右承旨 신무일愼無逸의 서명이 있다. 이 『열성어제』의 총 책수는 1721년의 8책과 1726년의 2책을 더해 '공십共十'이다.

총 책수를 적는 위치에 '권단卷單'이라고 기록한 재미있는 사례가 있다. 『외관인문外官印文』은 1865년 지방관의 관인을 수록한 책으로, 횡제목 위치에 그해의 간지인 '을축乙丑'을 적어놓았다. 이 책은 권의 구분 없이 한 책으로 묶었는데, 이러한 구성을 의미하는 '권단'을 총 책수 적는 곳에 기록했다. 이 사례에서 권은 책을 지칭한 것임을 알 수 있다.

소장처와 책질 문자

책의에 있는 중요한 정보로, 중앙 하단이나 우측 상단에 붓으로 쓴 소장처가 있다. 왕실 서책의 봉안건과 진상건은 소장처를 기록하지 않는다. 개인에게 반사한 서책은 면지의 내사기를 보면 소장자를 알 수 있다. 대개 책의에 쓴 소장처는 관서나 사찰·서원·사고史庫 등 공공公共의 성격을 지닌 기관이다. 소장처가 분명한 책은 전승과 활용에 대한 책의 내력을 밝히는 것이 가능하다.

1482년 금속활자 정축자丁丑字로 찍어낸 『금강반야바라밀경金剛

般若波羅密經』은 책의 중앙에 '속리산관음사유진이건俗離山觀音寺留鎭貳件'을 묵서墨書했다. 이 소장처 기록과 함께 공격지空隔紙에 '속리산'을 묵서한 것으로 볼 때 속리산 관음사에 내린 두 건의 책 가운데 하나임을 알 수 있다. '유진留鎭'은 '머물러 있으면서 지킨다'는 뜻인데, 불교 관련 서책에서 책판이나 책을 소장하고 있다는 의미로 소장처 뒤에 붙인다. 이 책은 판심에 있는 '금강경삼가해金剛經三家解'라는 서명으로 알려져 있다.

왕실 의례 하나를 거행하면 의궤·등록·형지안·홀기笏記 등 다양한 위계의 기록물이 생산된다. 의궤는 동일한 사안에 대해 국왕이 열람하는 어람건御覽件과 의례와 관련된 관서에 비치할 분상건分上件으로 나뉜다. 어람건은 소장처를 기록할 필요가 없지만 분상건은 책의에 소장할 관서를 적는다. 의례의 성격에 따라 의궤를 비치할 관서가 달라지는데 대개 예조와 의정부, 그리고 다섯 곳의 사고에는 모두 보관했다.

조선 후기 외사고는 실록을 봉안한 실록각實錄閣과 선원보첩을 봉안한 선원각璿源閣으로 구성되었다. 실록의 편찬과 봉안은 춘추관春秋館에서 담당했으며, 선원보첩의 편찬과 봉안은 종부시에서 주관했다. 춘추관의 사고는 인정전 서쪽에 있는데, 서울 안에 있다고 해서 '경사고京史庫' 또는 '내사고內史庫'로 불렸다. 경복궁 동쪽 관광방觀光坊에 위치한 종부시 내 선원록청璿源錄廳에는 선원각이 있었다.

왕실 서책 가운데 가장 빈번하게 수정된 『선원계보기략』에 대한 『선원보략수정의궤』는 종부시와 외사고 선원각에 비치하기 위해 다섯 건을 제작했다. 의궤의 책의에는 좌측에 장제목이 있고 우측에는 의궤를 작성한 해의 연호·간지·일자를 적었다. 의궤의 소장처는 주로 책의 중앙 하단이나 우측에 '○○○上'으로 기록했다. 예를 들어 책의에 '정족산상鼎足山上'이라고 적혀 있으면, 강화부 정족산 사고의 선원각에 수장했던 의궤임을 알 수 있다. 의궤에는 종부시 선원각을 지칭하는 소장처로 '본시本寺'를 적기도 했다. 이때의 '본本'은 해당 사안을 주관하는 관서를 말한다.

'상上'은 이두吏讀로서 세 가지 의미가 있으며 뜻에 따라 음가音價도 다르다. 첫째, '위'라는 뜻으로 '웃목上項'으로 읽는다. 둘째, 물건을 위에 바친다는 의미로 '받자捧上'로 읽는다. 셋째, 관에서 돈이나 물품을 내주는 의미로 '차하上下'로 읽는다. 그렇다면 소장처 뒤에 쓴 '상上'은 무슨 의미이며 어떻게 읽어야 하는 것인지 의문이 든다.

이에 대해 주목할 만한 해석으로 '상上'은 관서나 기관 등이 받자해 가지고 있는 것을 말하며 '자'로 읽는다고 본 연구가 있다.9 즉 받자를 두 글자의 한자로 차자借字하고자 받자에 해당되는 '捧'에 '올리다, 바치다'라는 뜻이 있는 '上'을 붙인 것이라는 해석이다. 올림을 받은 측에서는 상대방이 올린 물건을 받아 자신의 수중에 두는 것이므로, '상上'이 수장해둔다는 '장치藏置'로 의미가 확대되었다는 것이다.

1744년에는 『선원계보기략』을 1월과 9월에 걸쳐 두 번 수정했다. 이때의 『선원보략수정의궤』 책의에는 우측에 '갑자춘자본시수정甲子春自本寺修正 추설청수정秋設廳修正'이라고 쓰여 있다. 1744년 1월에 사도세자의 가례嘉禮를 거행했는데, 이를 계기로 그동안 『선원계보기략』에 반영하지 못했던 왕세자 입학·관례·왕세자빈 책봉까지 수

정했다. 이때는 청을 설치하지 않고 종부시에서 주관해 수정했다.
이러한 사실을 책의에 '갑자춘자본시수정'이라고 기록한 것이다.

이후 9월에는 영조가 기로소耆老所에 입소하게 되었는데, 사안이
중요한 만큼 『선원계보기략』을 수정할 임기 기구인 교정청을 설치
했다. 이때 화협옹주和協翁主의 길례吉禮와 화완옹주和緩翁主의 작호
爵號 등도 『선원계보기략』에 반영했다. 이 사실을 반영해 책의에 '추
설청수정'이라고 적은 것이다. 1월과 9월에 『선원계보기략』의 수정
을 주관한 관서를 같이 적은 까닭은 두 사안에 대한 의궤를 한 책
으로 묶었기 때문이다.

 그런데 이 기록 아래에 적은 소장처가 '관상官上'이다. 의궤에 의하면 12월 8일 교정청에서 다섯 곳에 봉안할 의궤를 제작할 때 필요한 후백지厚白紙·저주지楮注紙·황필黃筆·진묵眞墨 등을 바치라고 해당 관서에 감결甘結을 발급했다. 따라서 이때도 전례와 마찬가지로 종부시와 외사고의 선원각에 의궤를 봉안했을 것이다. 그렇다면 관에 수장한다고 할 때 관은 어디를 가리키는 것인가. 종부시에서 주관해 교정청을 설치했으니 관은 종부시를 지칭한다.

 책의에서 서뇌 상단의 우측 첫 번째 책사 위에는 작은 글씨로 책의 질秩을 나타내는 문자를 적었다. 책질冊秩은 판본 형태와 간행

시기가 같은 동판본同版本이 여러 질 있을 때 순차를 매긴 것이다. 1781년 정조가 당송팔대가唐宋八大家의 문장에서 100편을 뽑아 간행한 『당송팔자백선唐宋八子百選』이 있다. 금속활자인 정유자丁酉字로 간행한 『당송팔자백선』은 6권 3책이 한 질인데, 서뇌에 '금金·옥玉·호號'를 적어 질별秩別 문자를 남긴 세 질이 규장각에 현전한다. 『천자문千字文』의 한자는 서책을 간행할 때 다양한 용도로 순차를 매길 때 활용되었다. 금은 『천자문』에서 41번째로 나오고, 옥은 45번째 문자며 호는 50번째로 수록된 문자다.

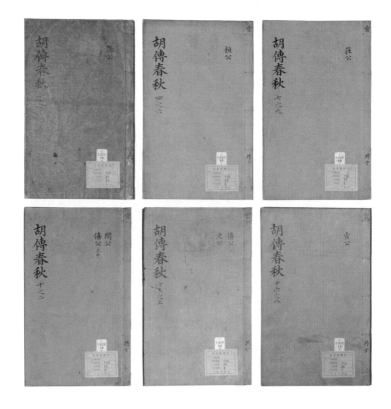

세 질의 책은 초주지로 보이는 두꺼운 종이의 책지이며, 공격지에 '상지오년上之五年 건륭신축乾隆辛丑'이라고 적었다. 여기에서 '상지오년'은 성상聖上이 즉위한 지 5년이 되는 1781년이고, 건륭은 청나라 고종의 연호年號이며 이해의 간지干支가 신축이다. 책의에 질별 문자를 기록한 사례는 종종 있다.

1794년 정유자로 간행한 『삼경사서대전三經四書大全』은 50책이 한 질인데 정조가 자신의 왕릉에 순장하려고 선택한 책이다. 이 활자본 중 태백산사고에 보존한 『삼경사서대전』은 '려呂'자로 책질을 구

『춘추호씨전』, 서뇌 '궁宮', 규장각한국학연구원.

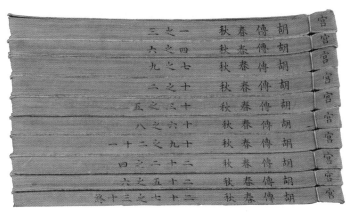

『춘추호씨전』, 서근 '궁宮', 규장각한국학연구원.

분했는데 이 한자는 『천자문』에서 30번째로 나온다.

책질 정보는 서뇌가 아닌 서책 하단의 바닥인 서근書根에 적혀 있기도 하다. 동서양을 막론하고 서가에 책을 세워꽂게 된 역사는 그리 오래되지 않았다. 선장본線裝本을 서가에 놓으면 서근이 보이기 때문에 이곳에 서명을 적기 마련이다. 보통 책사를 중심으로 좌측에 서명을 적는데, 책사 우측에는 책질 문자를 남긴 사례가 있다.

1633년 훈련도감자訓鍊都監字로 간행한 『춘추호씨전春秋胡氏傳』에는 서뇌와 서근 두 곳에 책질 문자인 '궁宮'을 기록했다. 이 책을 책본으로 번각하여 찍어낸 『춘추호씨전』 여러 질이 규장각한국학연구원에 현전한다. 그중 서근에 기록된 책질 문자가 '지之·금金·성成'인 세 질이 있다. 이 책들은 세월이 흐르면서 10책으로 이루어진 한 질이 서로 다른 질의 책과 섞여 있었는데, 서근에 있는 책질 문자를 근거로 원래의 질을 맞출 수 있었다.

편제의 역할과 아름다움

조선 서책은 바깥 면인 책의를 넘기면 바로 본문의 첫 장인 권수
卷首가 나온다. 그러나 어떤 책은 권수 앞에 서명을 적은 면이 있다.
『궁원의감인청의궤』에서 '편제編題'라고 부른 이 면은 목판에 새긴
후 대개 판심을 기준으로 책지 왼편에 찍어냈다. 편제의 반대 면은
여백으로 비어 있어 책의 후배지에 붙여 면지로 쓰이기도 한다.

중국 서책은 편제가 있는 면을 '봉면封面'이라 하고, 면지를 '부엽
副葉'이라고 한다.[10] 서지학에서는 편제를 '표제標題'라고 지칭하는데
요즘 책의 속표지에 해당되며 모든 책이 이를 갖추고 있다.[11] 그러
나 조선시대에 서책 편제는 흔히 볼 수 있는 것이 아니었다.

1776년 즉위한 정조는 규장각을 건립하면서 조선 최초로 중국
서책만을 수장하기 위한 건물인 열고관閱古觀과 개유와皆有窩를 세
웠다. 그리고 『규장각지奎章閣志』에 중국 서책의 구입과 관리 지침을
규정해 중국 서책에 대한 활발한 수용 정책을 펼쳤다. 조선에 들어
온 중국 서책은 형태의 측면에서 조선 서책과 서로 영향을 주고받
았다. 정조 연간의 서책에 많이 등장하는 편제는 중국 서책 형태에
서 받은 영향 중 하나다.

편제에서 많이 보이는 구성은 상하좌우의 인찰선印札線 안에 중
앙 칸을 좌우보다 두 배 크기로 해 세 줄로 나누어 글자를 적은 형
태다. 중앙에는 해서나 예서隸書의 가장 큰 자양字樣으로 서명을 쓰
고, 우측에는 작은 글씨로 편찬 관서와 시기 등 편찬에 대한 정보
를 적었으며, 좌측에는 간행 관서와 방법 등 간행에 대한 정보를 수

록했다.

『어제계주윤음』, 편제, 규장각한국학연구원.

조선 후기의 윤음綸音은 국왕이 대신과 백성들에게 국정 운영 방향과 시행 세칙을 훈유訓諭할 때 활용한 문서로 활자와 책판으로 인출해 반포했다. 영조는 애민절용愛民節用의 국정 운영을 지향하면서 사치를 경계하고 금주하라는 전교를 거듭 내렸다. 1757년 영조는 모든 관리와 서울의 부로父老들에게 금주령禁酒令을 내리고 계도하기 위해 『어제계주윤음御製戒酒綸音』을 반포했다. 윤음 중앙에는 '어제계주윤음'이라는 문서명이 있고, 우측에 '정축십일월일丁丑十一月日', 좌측에 '운각장판芸閣藏板'을 적었다. 편제에 기록된 정보는 이 윤음이 1757년 11월 교서관에서 책판으로 인출해 반포됐음을 알려준다.

왕실 서책 중 편제가 있는『궁원의』는 1780년 처음 간행된 후 증보하여 1785년 두 번째로 간행되었다. 1780년의 편제는 중앙에 대자大字로 서명을 적었고 우측에는 '경자맹하庚子孟夏'를, 좌측에는 '운각신전芸閣新鐫'을 적었다. 간지인 경자는 1780년이며 맹하는 여

름의 첫 달을 가리키니 4월이
된다. 운각은 교서관의 별칭이
고 '전鐫'은 칼로 새긴다는 뜻
의 한자로 간행을 의미한다.
이 편제에서 읽을 수 있는 정
보는 『궁원의』를 1780년 4월
교서관에서 새로 간행했다는
것이다.

『궁원의』를 두 번째로 간행
했을 때 편제는, 중앙의 서명
은 신간할 때와 같고 좌우 정
보가 달라졌다. 우측에는 '을
사맹추乙巳孟秋'를 좌측에는
'운각중간芸閣重刊'을 적었는데,

『궁원의』, 남색 편제, 규장각한국학연구원.

이것은 1785년 7월에 교서관에서 『궁원의』를 두 번째로 간행한다
는 뜻이다. 편제는 상업 출판이 활발하지 않아 간기刊記가 많지 않
은 조선 서책의 단점을 보완하는 역할을 했다.

흥미로운 사실은 편제를 남색과 흑색 두 가지로 찍었다는 점이
다. 규장각과 장서각에 현전하는 『궁원의』는 남색 편제로 인출한 건
을 경모궁과 사고에 봉안하거나, 규장각 각신들의 근무처인 이문
원摛文院과 예조 등에 수장했다. 그런데 사복시司僕寺에서 소장했던
『궁원의』는 흑색의 편제로 되어 있다. 사복시는 병조兵曹에 소속되
어 수레와 말을 관리하는 관서다. 사도세자의 사당인 경모궁에 봉

『당송팔자백선』, 비단 책의(왼쪽),
금니 편제(아래 왼쪽), 편제,
규장각한국학연구원.

안된 책과 사복시에서 보관했던 책은 어떤 용도로 향유했느냐에 따라 편제의 색을 달리했던 조선의 책 문화를 보여준다.

편제 중에는 동물이나 식물무늬로 장식한 액자 형식의 구성이 돋보이는 책이 있다. 그중 남색이나 흑색이 아닌 금니金泥로 편제를 꾸민 『당송팔자백선』이 독특하다. 이 편제의 종이는 분당지粉唐紙로 보이는데 판심을 기준으로 좌측에 편제가 있고 반대 면인 우측에 다른 종이로 한 면을 덧댔다. 편제를 만든 순서는 먼저 왼쪽 종이에 편제를 찍어낸 다음 붉은색을 칠하고, 그 위에 편제의 윤곽을 금으로 그려 넣은 것으로 보인다.

편제의 금니는 중앙에 배치한 서명만이 또렷하고 액자 틀에 그려진 여섯 마리의 용무늬는 흐릿하다. 정조가 당송팔대가의 글을 직접 선정했다는 의미를 지닌 '어정御定'을 중심으로 좌우 양쪽에 용을 세 마리씩 그렸다. 이렇게 완성된 좌측의 편제와 우측의 빈 면을 마치 한 장처럼 붙였다. 이 책은 화려한 편제에 어울리는 황색의 무늬 없는 비단으로 장황했다. 권수에는 정조의 장서인이었던 〔극極·만기지가萬幾之暇·홍재弘齋〕가 찍혀 있어 정조가 수장했던 책이라는 것을 알 수 있다.

서뇌에 책질 정보인 '호號'를 적었던 『당송팔자백선』의 편제를 보면 디자인이 정확히 보인다. 편제의 중앙에는 서명 '당송팔자백선'을 큰 자양의 예서로 배치하고, 우측에 1781년 새로 편찬했다는 '신축신편辛丑新編'을 적고, 좌측에는 내각에 보관한 활자인 정유자로 간행했다는 '내각활자內閣活字'를 전서篆書로 적었다.

『병학통兵學通』은 1776년 정조의 명으로 형조판서 장지항張志恒

이 자료를 모으고, 금위대장 서명선徐命善 등이 교열하고, 예문관 검열 윤행임尹行任이 인출을 감독해 완성한 군사 조련에 관한 병서兵書다. 1785년에 정조가 책의 서문을 썼으며, '운각신인芸閣新印 무고장판武庫藏板'이라는 간기刊記를 통해 교서관에서 책판으로 간행한 후 무고武庫에 책판을 보관했다는 것을 알 수 있다.

이 책의 편제는 무척 흥미로운데, 상단을 가로로 구획해 호랑이 두 마리를 마주보게 배치했다. 호랑이의 치켜든 꼬리와 날카로운 이빨은 이 책이 병법兵法에 관한 것임을 말해주는 듯하다. 편제의 하단은 일반적인 구성으로 중앙에 대자로 서명을 적었다. 서명의 오른

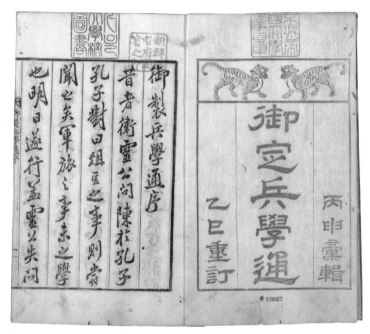

『병학통』, 남색 편제, 규장각한국학연구원.

쪽에 적은 '병신휘집丙申彙輯'은 1776년에 편찬했다는 의미이고, 왼쪽의 '을사중정乙巳重訂'은 1785년에 다시 교정했다는 뜻이다.

정조는 1792년 청나라의 『강희자전康熙字典』 서체를 자본字本으로 목활자를 제작하고 '생생자生生字'로 일컬었다. 『어정인서록御定人瑞錄』은 1794년 정순왕후의 오순五旬과 혜경궁 홍씨의 육순六旬을 기념하기 위해, 전국에서 장수하거나 부부가 해로한 노인에게 상을 내린 것을 생생자로 찍은 책이다.

이 책의 편제는 상하좌우의 인찰선 대신 용을 간략히 그린 듯한 선과 서각보犀角寶·전보錢寶로 장식했다. 중앙에 쓴 서명 우측에는

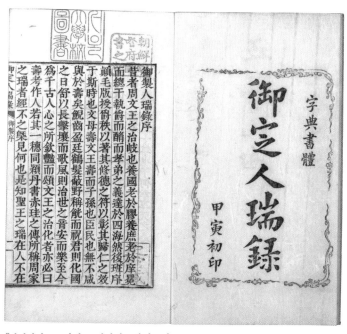

『어정인서록』, 편제, 규장각한국학연구원.

이 책을 생생자로 찍었다는 의미의 '자전서체字典書體'를, 좌측에는 1794년에 처음 인쇄한다는 정보인 '갑인초인甲寅初印'을 소자小字로 적었다. 춘추관의 사고史庫에 보관했던 『어정인서록』은 서문序文 하단에 〔사관장史館藏〕이라는 장서인이 찍혀 있다.

책의 옷에 담긴 정보

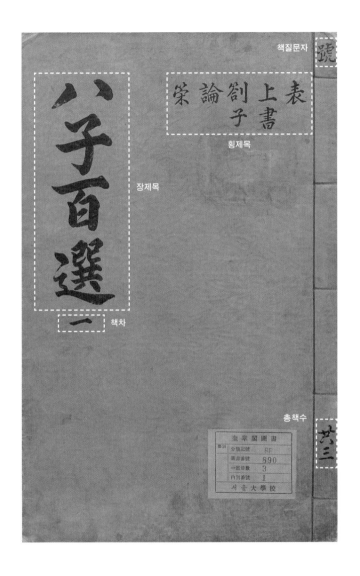

책질문자

횡제목

장제목

책차

총책수

3장
—

책에 옷 입히기 : 장황

종이옷의 겉과 속

기록물을 열람하기 편리하면서도 잘 보호할 수 있는 형태로 꾸미는 것이 장황이다. 기록물은 용도와 재료에 따라 다양한 형태로 장황했다. 중국에서는 장황을 '裝潢'으로, 조선에서는 '粧䌙'으로 표기했지만 의미는 동일하다. 서책 장황은 두루마리 형태인 권축장卷軸裝에서 비롯되었고, 구멍을 뚫어 실로 꿰맨 선장線裝으로 발전했는데, 선장은 명대明代 중엽에 출현해 청대清代에 이르러 가장 성행했다.

중국 서책을 활발히 수용했던 정조는 1787년 이후 중국 서책의 구입을 금지했다. 그리고 지금까지 구입한 중국 서책만으로도 사대부의 공부는 충분하다며 자신의 견해를 피력했다.[1] 조선 후기에 사행使行을 통해 조선에 들어온 중국 서책은 담고 있는 지식뿐 아니라 형태에서도 조선 서책에 영향을 끼쳤다. 중국 서책은 가볍고 얇아서 펼쳐 보기 쉽고 눕거나 기대어 열람할 때도 편리해, 정조가 사대부들의 독서 태도에 미치는 영향을 염려해 서책 구입을 금지할 정도였다.[2] 규장각 검서관이었던 이덕무李德懋는 두껍고 큰 책을 선호하는 조선의 습속을 비판하며 차라리 종이 발명 이전의 서사 재료였던 죽간이나 목찰木札을 사용하라고 했다.[3]

조선 서책은 어떻게 장황했기에 가죽처럼 두껍고 견고하게 되었을까. 서책을 장황하는 장인은 장책제원粧冊諸員인데 보통 책장冊匠 혹은 장책장粧冊匠이라고 부른다.

책의는 서책의 가장 바깥에 앞뒤로 덧대어 책의 몸체를 보호하는 옷이다. 책의의 겉에 사용한 종이인 의지衣紙는 책에 입히는 종이옷으로 지의紙衣라고 부른다. 의지는 교서관校書館에서 공급하고 부족할 때는 장흥고長興庫에서 조달하는데, 벌레와 오염을 막기 위해 황색으로 물들여 사용한다. 황염은 책장이 직접 하는 것이 아니라 제용감濟用監에 감결甘結을 발송해 의지를 가져가 황염수黃染水로 물들여 오라고 통보한다.[4] 감결은 상위 관서가 하위 관서에 업무를 지시하거나 명령을 내리는 문서다.

의지를 염색하는 작업은 책장의 소임이 아니라 제용감의 염색 장인이 담당했다. 1726년 4월 6일 종부시는 『열성어제』의 진상건과 진헌건의 책의를 황염하기 위해 서원書員을 보내라고 제용감에 감결을 내렸다. 서원은 중앙과 지방의 각 관서에서 행정 실무를 담당하는 하급 관리다.

직물의 직조와 염색을 담당하는 관서인 제용감의 서원書員 정원징鄭元徵은 다음과 같이 다짐하고 종부시에 있던 초주지 세 권을 황염하기 위해 가져갔다.

4월 6일 제용감 서원 정원징 나이 69세

"아룁니다. 제가 어제御製의 진상건과 진헌건의 책의를 황염하기 위
해 초주지 세 권을 받아가오니, 오는 9일 내 잘 물들여 바치되, 만약
기한을 넘기거나 잘하지 못한 폐가 있으면 법으로 죄를 다스리실 일
입니다."[5]

정원징은 책의로 쓸 초주지를 염색해 사흘 후 납부하겠다고 다
짐했다. 국왕에게 올리는 진상건이나 왕세자에게 올리는 진헌건의
의지는 초염初染과 재염再染 두 차례에 걸쳐 황염수로 물들인다. 두
번째로 물들일 때 들어가는 황염수가 바로 '가염수加染水'다.[6] 반사
건은 의지와 황염수를 교서관에서 공급하는데 황염수가 없을 경우
장흥고에서 의지를 밀어내게 해 가져다 썼다.[7]

중국 서책은 몸체 앞뒤에 한두 장의 종이나 견직물을 덧대어 책
의를 만든다. 책의는 보통 면綿이 질기고 강한 색지色紙를 쓰거나,
수수한 색의 견絹과 릉綾 등의 재료를 쓴다.[8] 이에 반해 조선 서책
은 의지 뒷면을 저주지나 후백지로 배접해 책의가 더욱 두꺼워진
다. 배접에 들어간 종이를 '후배지後褙紙'라고 하며 반사건은 장흥고
의 종이를 가져다 쓸 때만 지급한다.

왕실 서책이 아닌 일반 서책에서는 휴지나 교정지를 후배지로 재
활용하는 경우가 있다. 휴지는 효력을 다한 고문서를 가리키며 각
도에서는 지정받은 수량의 휴지를 군기감에 공납했다.[9] 관인이 찍
힌 고문서가 후배지로 활용된 사례는 종종 보인다. 후배지가 없는
중국 서책은 책을 베낄 때 명대의 송장訟狀과 같은 휴지를 사용한

사례가 있다.[10]

종이가 귀한 조선시대에는 휴지를 다양한 용도로 활용했다. 일례로 옛사람들은 집을 지을 때 벽을 바른 흙이 다 마르면 세 차례에 걸쳐 종이를 발랐다. 처음 휴지로 벽을 바르는 것이 초배初褙이고, 그 위에 백지를 발라 휴지의 글씨 자국을 보이지 않게 가리는 것을 중배中褙라고 부르며, 중배를 한 위에 다시 후지厚紙를 바르는 것을 정배正褙라고 한다.[11]

서책을 간행할 때도 정본正本을 찍기 전에 두 차례의 시험 인출을 거쳐 교정을 본다. 이때 처음으로 찍어낸 것이 초견初見 인출이고, 두 번째가 재견再見 인출이다. 그리고 인출했으나 먹이 너무 진

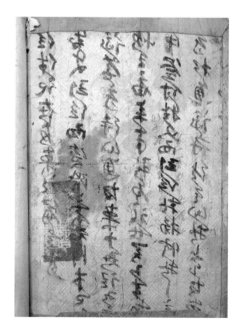

서책 후배지,
규장각한국학연구원.

해 글자를 알아볼 수 없는 상태의 종이를 농묵지濃墨紙라고 한다. 일반 서책을 인출하는 과정에서 나온 초견 인출지·재견 인출지·농묵지가 후배지로 쓰인 경우도 있다.

조선 서책은 먼저 의지를 황염수로 물들인 후 접착제인 교말膠末을 사용해 뒷면에 후배지를 배접했다. 이렇게 완성된 지의紙衣를 능화판菱花板에 올려놓고 황밀黃蜜로 밀어내면, 의지와 후배지가 밀착되면서 능화문이 돋을새김으로 장식된 책의가 완성되었다. 이 과정을 통해 책의는 가죽처럼 견고해졌다. 뻣뻣하고 무거운 책의는 조선 서책의 단점이지만 책의 몸체를 보호하는 역할을 한다는 면에서는 장점이 된다. 조선 서책이 별도의 보호용품을 갖추지 않게 된 것도 이 때문이다.

'면지面紙'는 책의를 뒤로 접은 모양과 후배지가 보이지 않도록 책의 뒷면에 한 장 덧붙인 종이를 말한다. 면지는 격지隔紙라고 부르기도 하는데 보통 의지에 사용한 종이와 같은 품질의 종이를 쓴다. 면지는 보통 종이 한 장을 반으로 접어 책지冊紙와 함께 종이끈紙釘으로 묶어 두었다가 장책粧冊할 때 책의 뒷면에 붙인다. 이렇게 함으로써 면지는 책지를 보호하는 역할을 겸한다.

중국에서는 면지를 부엽副葉 혹은 호엽護葉이라고 부른다. 중국 서책의 부엽은 보통 앞 책의 다음에 세 장, 뒤 책의 안쪽에 두 장을 두거나 앞뒤에 두 장씩 둔다.[12] 조선 서책은 면지를 책의 뒷면에 붙이지만 중국 서책은 낱장으로 묶는다. 어떤 형태든 면지는 공백으로 비어 있기에 내사內賜 기록이나 장서기藏書記, 때로는 낙서 등 다양한 정보를 담고 있어서 이를 통해 서책의 내력을 알 수 있다.

'공격지空隔紙'는 봉안건이나 진상건·진헌건 서책에 갖추었으며 반사건에는 넣지 않았다. 따라서 공격지는 서책의 위격을 구분 짓는 장황의 중요한 요소다. 공격지는 책지와 같은 품질의 종이를 쓰며 면지와 본문 사이에 끼워 넣기 때문에 협지挾紙라고도 부른다. 보통은 책지의 앞뒤에 공격지가 들어가는데 앞쪽에만 들어가는 경우도 있다.

사대부의 옷과 능화문

조선 서책의 책의에 새겨진 능화문菱花紋은 은은한 아름다움으로 일찍부터 연구자들의 주목을 받았으며 연구 성과도 축적되었다. 능화문을 새긴 목판인 능화판菱花板에 대한 연구는 능화에 대한 이해를 심화시켰다.[13] 이 연구는 능화판의 어원을 고찰하기 위해 능화판에 새겨진 4엽 꽃인 능화를 주목했다. 능화문은 고려의 불교뿐만 아니라 조선 사대부들의 문방도구 등에서 우리의 전통 문양으로 오랫동안 애용되었다. 초기 능화판에서 연화문蓮花紋이라고 알려진 문양에도 능화가 새겨져 있고, 조선 후기에는 단독 무늬로 새겨져 사격자斜格字로 이루어진 능화문이 많아졌다. 이 연구에서는 이상의 사실을 근거로 선조들이 능화판으로 호칭했으리라 추정했다.

능화문을 분석한 연구에서는 능화문의 유형과 시기에 따른 변화를 고찰해 능화문 명칭에 대한 표준안을 제시했다.[14] 15~16세기 능화문은 연꽃과 보상화문이 주를 이루었고, 17세기에는 칠보七寶 등 다양한 소재가 등장했다. 18세기 후반에서 19세기 전반에는 만자卍字가 단독 무늬로 쓰이는 경우가 많았다. 능화문은 서책이 담고 있는 내용과는 개연성 없이 사용되었다.

서유구(1764~1845)가 『임원십육지林園十六志』에서 소개한 조선 서책의 책의를 만드는 방법은 다음과 같다. 주목할 것은 능화판에 새기는 무늬로 먼저 능화를 언급하고, 다음으로 만자와 칠보를 들고 있으며 연화문에 대해서는 전혀 언급하지 않았다는 점이다.

깨끗하고 흰 종이를 마름질해 네모로 크게 만들어, 황백黃柏과 회화나무 꽃槐子의 즙으로 물들인 후 배접해 볕에 말린다. 먼저 단단한 성질의 결이 섬세한 나무에 능화 혹은 만자 혹은 칠보무늬를 새긴다. 배접한 종이에 물을 뿌려 약간 축축하게 해 판각 위에 놓고 밀랍으로 밀어내니 매우 광택이 나고 매끄러워 볼 만하다.[15]

사대부가 독서 생활에서 능화판을 애용한 사실을 알려주는 자료는 영남대학교박물관에 현전한다. 이 능화판은 뇌문雷紋이 사선으로 마름모를 이루고 그 안에 능화를 새겼다. 뒷면에는 '능화판은 문방文房에 필요한 물건 중 하나이니 없어서는 안 되는 물건이다'라는 명문銘文이 새겨져 있다.[16] 죽하서실竹下書室에서 능화판을 새로 만들면서 새긴 명문을 통해, 서책을 보호하고 아름답게 장식해주는 능화판을 소중히 여겼음을 알 수 있다.

선행 연구에서는 능화판 명칭에 대한 기원을 선장본의 발달과 고려시대 불교에 두었다. 그러나 관점을 달리해 사대부의 독서 생활

에서 능화문의 기원을 찾아보자. 굴원屈原의 작품으로 알려진 『이소
離騷』에는 "임 앞에 가서 진언進言해도 용납되지 못하여 고난만 당
하니, 물러나 내가 처음 입었던 옷을 다시 다듬고자 하노라"는 구절
이 있다.

굴원이 처음 입었던 옷이란 벼슬하기 전에 입던 옷을 가리키는
데, 마름과 연잎을 마름질하여 윗옷을 만들고 연꽃을 모아 아래옷
을 만들었다.[17] 춘추전국시대에 능菱은 사대부의 복색服色을 상징하
기 때문에 굴원은 마름과 연잎으로 옷을 만들어 입겠다고 한 것이

후배지 능화문(연꽃, 연잎, 연밥),
규장각한국학연구원.

다.[18] 따라서 사대부의 옷을 상징하는 능화에서 기원해 사대부의 책에 입히는 옷 무늬를 능화문이라 부르고, 그 무늬를 새긴 목판을 능화판으로 호칭하지 않았을까 생각한다.

그렇다면 능화판에 새긴 다양한 무늬는 누가 그렸을까. 이 궁금증을 풀어주는 사례가 『영조실록청의궤英宗實錄廳儀軌』에 나온다. 1781년 5월 17일 『영조실록』의 교수校讐를 주관하는 교수청은 능화판을 그려낼 화원 한 사람을 이튿날 해 뜨기 전에 대령시키라고 도화서圖畵署에 지시했다.[19] 이후 윤5월 2일에 교수청에서 실록 책의冊衣의 능화문을 밀어낼 때 쓸 유지油紙와 수건포手巾布, 미추尾箒를 바치라는 감결을 내린 것으로 보아 능화판이 완성되었음을 알 수 있다.[20] 윤5월 15일에는 책장冊匠이 책의를 배접할 때 들어가는 교말膠末 등과 함께 추조장推造匠이 쓸 황밀黃蜜도 진배하라고 감결을 내렸다. 추조는 책의를 능화판 위에 놓고 황밀로 무늬를 밀어내는 작업을 말하며 추조군推造軍 또는 추조장推造匠이 맡았다. 책장이 책의를 만들고 나면 추조장은 책의에 능화문을 박는 작업을 분담했다.

그런데 1753년에 작성한 『공폐貢弊』에 의하면, 교서관 공인貢人이 능화문을 밀어내는 과외科外의 역을 담당하는 원통함을 호소했다.[21] 이에 대해 비변사는 능화문을 밀어내는 작업은 본래 책장의 일이니 공인에게 시키지 않도록 데김題辭을 내렸다. 또한 진상하는 서책의 도침은 공인의 역이지만 그 외의 도침은 사역私役이니 각별히 금단하도록 처리했다. 교서관 공인의 폐단으로 볼 때 왕실 서책이 아닌 일반서의 능화문을 밀어내는 작업은 책장의 업무임을 알 수 있다.

중앙 관서에서 사용할 능화판의 재료가 되는 자작판自作板은 교서관에서 제공한다. 교서관의 자작판은 책을 인출하는 책판을 비롯해 인찰지印札紙를 떠내는 인찰판印札板에도 사용한다. 『탁지준절』에 의하면 자작판의 크기는 길이가 2척尺, 너비가 8촌寸, 두께가 1촌이다.[22]

책의에 새겨진 능화문은 책의를 더욱 견고하게 하는 실용성과 아름다운 무늬로 꾸민 장식미를 동시에 지닌다. 또한 본래 책의를 개장改粧하지 않았다면 능화문은 서책의 간본刊本을 식별하는 기

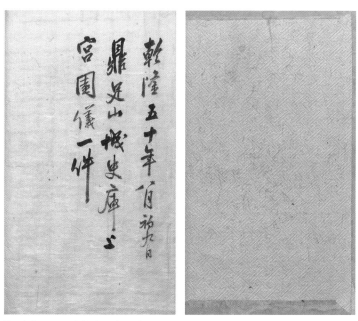

『궁원의』(1785) 면지(왼쪽)와 후배지 능화문(사격만자문), 규장각한국학연구원.

능을 지닌다. 예를 들어 현전하는 신간본 『궁원의』 책의에는 연꽃과 능화 등의 무늬가 있고, 중간본은 사격만자문斜格卍字紋이 새겨져 있다. 신간본과 중간본의 책의를 서로 다른 무늬로 장식했다는 사실은 서책의 내용과 능화문의 선택이 개연성이 없음을 보여준다. 1785년 8월 9일 정족산 사고에 보관하라고 내린 『궁원의』는 면지가 능화문을 새긴 후배지에서 분리되어 사격만자문의 능화문을 볼 수 있다.

금문사목과 비단옷의 변화

조선 서책의 뻣뻣한 종이옷보다 부드러운 책의는 천으로 만든 옷이다. 천으로 된 옷을 입은 책으로는 승정원의 업무 일지인 『승정원일기承政院日記』가 있다. 영조 연간에 화재로 소실된 『승정원일기』를 개수改修한 『개수일기改修日記』는 베布로 책의를 만들고, 뒷면을 백휴지白休紙로 배접한 후 저주지를 면지로 붙였다. 이렇게 만든 책의를 후백지厚白紙에 정서正書한 『개수일기』의 책지와 무명실木綿絲로 묶었다.[23]

승정원은 왕명을 출납하는 관서로서 여타의 관서보다 높은 위계를 지닌다. 마치 입고 있는 옷이 그 사람의 정체성을 상징하듯, 종이옷을 입은 관서보다 베옷을 입은 승정원은 국왕을 가장 가까이 보좌하는 관서로서의 위상을 상징한다. 『승정원일기』 외에 붉은 베옷을 입은 책으로 사고史庫를 비롯한 여러 관서에 수장되었던 분상건 의궤가 있다. 비단옷에는 별도의 비단을 마련해 장제목과 횡제목을 적은 것과 달리 베옷은 책의에 직접 붓으로 썼다.

서책의 옷감으로 베옷보다 한 등급 높은 것이 비단옷이다. 비단옷을 입은 책은 왕실 족보인 선원보첩이 다수를 차지한다. 선원보첩은 다섯 곳의 선원각璿源閣에 봉안하는 봉안건과 진상건·진헌건의 일부를 비단옷으로 장황했다. 1746년 영조는 「금문사목禁紋事目」을 반포하여 중국산 문단紋緞의 수입을 강력히 금하고 이를 위반한 자는 엄하게 처벌했다. 이것은 영조가 『국조속오례의』(1744)와 『속대전續大典』(1746)에서 사치를 막고 토산품을 사용하도록 조치한 국정운영에서 나온 것이다.

「금문사목」이 내려지기 전 『열성어제』『열성어필』『선원계보기

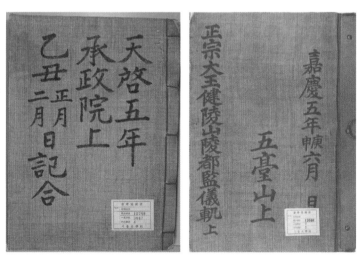

『개수일기』 베옷(왼쪽)과 『정조건릉산릉도감의궤』 오대산 분상건,
규장각한국학연구원.

략』은 주로 남대단藍大緞의 비단옷을 입었다. 그러나 1746년 이후의
『선원계보기략』을 보면 1747년 진남표주眞藍表紬, 1751년 남무문화
방주藍無紋花方紬, 1759년 남방사주藍方紗紬로 국내산 비단을 이용해
책의를 만들었다. 책의를 비단으로 할 때는 종이옷에 필요한 의지衣
紙와 가염수加染水, 황밀이 들어가지 않는다. 비단옷의 뒷면은 저주
지楮注紙로 배접하고 면지와 공격지는 초주지를 사용했다.

「금문사목」이 반포된 이후 어람건 의궤의 책의도 비단이 바뀌어,
초록경광주草綠輕光紬에 옥색청염지玉色靑染紙를 배접하고 면지는 초
주지로 붙였다. 책의에는 백경광주白輕光紬의 장제목을 붙이고 제목
의 선을 따라 홍경광주紅輕光紬를 둘렀다.

『선원계보기략』(1739) 남대단 책의(왼쪽)와 『선원계보기략』(1747) 진남표주 책의,
규장각한국학연구원.

이와는 다른 이유로『국조보감』의 비단옷을 개장改粧한 사례가 있다. 1782년 정조가 친림親臨해 종묘 신실에 봉안한『국조보감』은 남화화주藍禾花紬 책의였다. 이는 1848년에 봉안한『국조보감』에도 그대로 사용했다. 그런데 1909년에 이르러 종묘의 각 신실에 봉안한『국조보감』비단옷을 황화화주黃禾花紬로 바꿨다. 이 비단옷의 변화는 1897년 고종이 황제로 등극하고 '대한大韓'이라는 국호를 선포한 이후 황제를 상징하는 황색을 사용할 수 있게 되었기 때문이다.

왕실 서책에는 책의 외에도 비단을 사용한 곳이 있다. 책지에 수록한 국왕의 어휘御諱나 자字를 가리기 위해 해당 글자를 홍방사주紅方絲紬로 덮은 부분이다. 이 홍방사주는 뒷면을 저주지로 배접해 빳빳하게 만든 후 국왕의 이름 윗부분에 붙이기 때문에 '열성어휘列聖御諱 부첨付籤'이라고 칭한다. 피휘 역할의 홍방사주는 오랜 세월이 지나는 동안 떨어져 책지 속에 끼어 있는 모습이 가끔 발견된다.

이처럼 성인聖人이나 중국의 황제 등 존귀한 대상의 이름을 쓰거나 부르는 것을 피하는 것을 피휘避諱라고

『태조보감』 황화화주 책의, 국립고궁박물관.

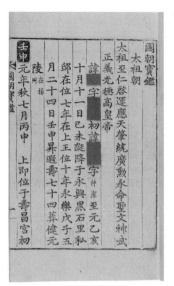

『태조보감』, 부첨 홍방사주, 국립고궁박물관.

한다. 보통 피휘는 해당 글자의 한두 획을 일부러 빠뜨리는 결획缺劃
이나 독음讀音이 같은 다른 한자로 대체하는 방법을 쓴다. 홍방사주
로 해당 글자를 가리는 방식은 왕실 서책에서 볼 수 있는 특징이다.

책사와 변철로 묶은 책

장황의 발달에서 가장 마지막 단계인 선장線裝은, 중국에서는 보
통 네 구멍을 뚫어 '사목선장四目線裝·사안선장四眼線裝·사침안장四
針眼裝'이라고 부른다. 서책을 묶는 오른쪽을 서뇌書腦라고 부르는데,
서뇌가 넓고 큰 책은 여섯 구멍이나 여덟 구멍으로 묶어 '육목선장
六目線裝'·'팔목선장八目線裝'이라고 부른다.[24]

이에 반해 조선 서책은 다섯 구멍을 뚫어 장책糚冊하는데 이는 중국이나 일본과는 변별되는 특징이다. 이 특징으로 일본에서는 오침안으로 장책한 선장본을 '조선철朝鮮綴'이라고 부른다.[25] 이덕무는 다른 나라에 비해 두꺼운 조선 서책의 책사를 현악기의 줄에 비유했다.

다섯 구멍을 뚫어 악기 줄처럼 두꺼운 줄로 묶고, 앞뒤 책의를 풀로 붙여 가죽같이 견고하게 만들어 여러 대에 전해지도록 계획하지만, 먹에 묻거나 기름에 더럽혀지고 파손되어 오래가지 못한다.[26]

책지 앞뒤에 책의를 대고 책사冊絲로 묶어 서책을 완성하는 장책은 책장이 담당한다. 서책을 묶는 책사는 상의원尙衣院의 다회장多繪匠이 홍진사紅眞絲를 합결合結해 만들었다.[27]

1726년 『열성어제』를 장황할 때 필요한 책사를 만들기 위해 다회장 류해망劉海望은 종부시에서 홍진사를 가지고 갔다. 36세의 류해망은 7일 후 책사를 만들어 납부하겠다고 다짐했다. 제용감의 서원이 책의를 염색하려고 초주지를 가져가면서 종부시에 다짐한 것처럼, 다회장도 책사를 만들 홍진사를 가져가면서 다짐한 것이다.

4월 5일 다회장 류해망 나이 36세
"아룁니다. 저는 어제御製 진상건과 진헌건의 책사를 위해 홍진사 6냥과 영자纓子 2개를 함께 만들어 바치기 위해 받아가오니, 4월 12일 내에 잘 만들어 바칠 계획입니다. 만약 기한을 넘기거나 잘 만들지 못한 폐가 있게 되면 법에 따라 죄를 다스릴 일입니다."[28]

이덕무와 박제가는 조선 서책의 책사를 거문고 줄에 비유해 대 승大繩과 채승彩繩이라고 표현했다. 이들은 규장각의 검서관檢書官으로서 『흠정고금도서집성欽定古今圖書集成』과 같은 중국 서책의 책의와 책사를 바꾸어 조선 서책의 형태로 개장改粧하는 과정에 참여했다.[29] 이 경험으로 이들은 조선 서책의 특징과 단점을 정확히 인식하고 있었다.

> 우리나라 서책은 거문고의 줄 같은 채색줄로 엮기 때문에 늘 끊어진다. 너무 팽팽해 느슨하지 않기 때문이다. 중국은 두 가닥 실로 매는데 그것으로 충분하다. 그래서 나는 일찍부터 소장하고 있는 중국책이 심하게 손상된 것이 아니면 함부로 개장하지 않는다. 왜냐하면 비용만 들고 도리어 해가 되기 때문이다.[30]

박제가는 두꺼운 채색 끈으로 묶은 조선 서책보다 가는 실 두 줄로 묶은 중국 서책이 낫다고 여겨 자신의 중국 서책을 웬만하면 개장하지 않는다는 것이다. 그러나 규장각한국학연구원에 현전하는 중국 서책의 책사는 두 가닥 중 한 가닥이 끊어진 상태가 많다.

천혈장穿穴匠은 다양한 기물器物에 구멍을 뚫는 장인인데, 가례도감嘉禮都監과 국장도감國葬都監에서는 책보冊寶에 구멍 뚫는 작업을 담당했다. 1838년 4월 실록청에서는 『순조실록』 정본을 장황할 때 필요한 천혈장 한 명을 대령하라고 훈련도감에 감결을 보냈다.[31] 이

어서 천혈장 김경철金景哲이 실록청에서 작업을 마칠 때까지 훈련
도감의 업무로 침책侵責하지 말라고 지시했다.[32]

훈련도감의 천혈장 김경철은 실록청에 차출되어 『순조실록』을
책사로 묶기 위한 구멍을 뚫는 작업을 했다. 왕실 서책을 장황할 때
차출한 천혈장에 대한 기록은 찾기 어렵다. 『실록청의궤』와 『국조
보감감인청의궤』에는 책장이 사용하는 도구로 철책추鐵冊錐 혹은
책추자冊錐子가 나오는 사례가 있어, 보통은 책장이 송곳으로 책지
에 구멍을 뚫었다는 것을 알 수 있다.

왕실 서책의 용도에 따라 책사에 들어가는 실과 수량은 표 5와
같다. 봉안건과 진상건의 책사에는 홍진사紅眞絲 4푼이 들어가는데
간혹 수량에 변화가 있다. 『궁원의』는 경모궁 봉안건에 홍진사 5푼
을 썼고 진상건에는 8푼을 썼다. 반사건의 책사는 홍진사 외에 홍
향사紅鄕絲를 쓰기도 하는데 책사의 수량이 일정하지 않았다. 『선
원계보기략』의 책사는 용도와 시기의 구별 없이 홍진사 4푼이 들
어갔다. 『열성어제』는 홍진사를 사용했으나 진상건보다 1푼이 적은
3푼을 썼다. 『국조보감』과 『궁원의』의 반사건은 홍진사가 아닌 홍
향사紅鄕絲를 사용했으나 수량은 진상건과 동일함을 알 수 있다.

표 5 왕실 서책의 용도별 책사 내역

용도	『선원계보기략』	『열성어제』 (1726년)	『국조보감』 (1782·1848·1909년)	『궁원의』 (1785년)
봉안건	홍진사 4푼	홍진사 4푼	편철片鐵 숙동熟銅 8량·함석솝錫 1량	홍진사 5푼
진상건	홍진사 4푼	홍진사 4푼	홍진사 4푼	홍진사 8푼
반사건	홍진사 4푼	홍진사 3푼	홍향사 4푼	홍향사 8푼

『탁지준절』의 「각색사견各色絲繭」에는 백진사白眞絲를 비롯해 옥색진사玉色眞絲·유청진사柳靑眞絲·초록진사草綠眞絲·유록진사柳綠眞絲·홍진사가 있다. 그중 초록진사의 값은 한 근斤에 은으로 7냥兩 5전錢이고, 홍진사는 한 근에 8냥이다. 여러 색의 명주실 가운데 홍진사가 가장 비싼 실이다. 각색향사各色鄕絲 한 근의 절가折價는 7냥 4전 2푼이므로 홍향사도 이에 준할 것으로 생각된다. 홍향사에서 '향鄕'은 조선을 지칭하는 것으로 홍색의 국내산 견사絹紗를 말한다. 이에 비해 각색면사各色綿絲 한 근의 절가는 2냥으로, 명주실인 진사와 향사에 비해 값이 저렴하다.

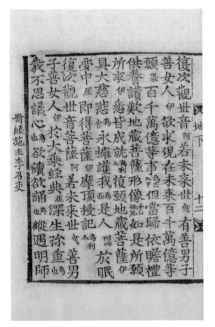

『지장보살본원경』, 책사 시주,
규장각한국학연구원/중앙도서관.

책사에 관한 흥미로운 사례로는 1751년 『선원계보기략』을 수정할 때를 들 수 있다. 종부시는 호조에 관문을 보내 반사건을 개장改張하기 위해 책사를 요청했다. 이때의 반사건은 1748년 반사건에서 수정하지 못한 건을 포함해 241건이었다. 1751년의 반사는 1735년부터 개장해 일곱 번째로 하는 개장이었다. 17년 동안 일곱 번의 개장으로 책사가 끊어져

1751년에 개장할 때는 도저히 책을 묶을 수 없게 된 것이다. 이에 종부시는 반사건의 초권初卷과 종권終卷을 묶을 책사를 호조에 요청했다.

사찰에서 책판으로 인출한 불서佛書에는 간행에 들어가는 판재板材 등 물자를 시주한 인물과, 판각 및 장황을 맡은 승려들을 수록한 간기刊記 혹은 인출기印出記가 있다. 시주한 물품 기록에는 '진사시주眞絲施主 윤춘양주閏春兩主' '홍사시주紅絲施主'와 같이 책사를 시주한 사례가 보인다.33 1797년에 함양의 벽송암碧松庵에서 판각한 『지장보살본원경地藏菩薩本願經』은 책지의 모든 장에 시주자들을 새겼다. 특히 책사를 시주한 이조이를 인찰선 밖에 '冊絲施主李召吏'로 판각해놓아 흥미롭다. 조이는 양민의 아내 혹은 과부를 일컫는 이두吏讀로 본래는 '李召史'로 표기해야 하는데 각수가 '李召吏'로 판각했다.

책사로 장책하지 않은 왕실 서책은 종묘에 봉안한 『국조보감』이다. 종묘 봉안건 『국조보감』을 편철片鐵로 장책한 것은 여타의 왕실 서책과 구별되는 특징이다. 편철은 보통 변철邊鐵로 지칭하며 간혹 편철編鐵이라 부르기도 했다. 『국조보감』 봉안건의 변철은 숙동熟銅 8량과 함석含錫 1량을 합금한 것이다.

책사가 아닌 변철로 장황한 서책으로 잘 알려진 사례는 의궤다. 어람건 의궤의 변철을 휴대형 엑스선 형광 분석기로 성분을 분석한 결과, 구리에 아연을 주성분으로 합금해 납과 주석을 소량 섞은 황동이었다.34 의궤에서는 이 황동의 변철을 '두석조이변철豆錫召伊邊鐵'이라고 했다. 두석은 황동이며, 쐐기나 원형의 정 자국으로 연

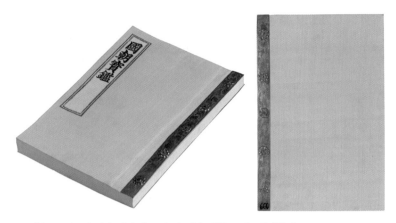

『선조보감』, 앞 책의 변철(왼쪽)과 뒷 책의 변철, 국립고궁박물관.

꽃이나 넝쿨무늬를 변철에 새기는 작업을 '조이刁伊'라고 한다. 조이
는 금·은·동으로 만든 기물에 무늬를 새기는 일을 지칭하는 '조이
雕螭'를 음차한 것이다. 이 변철은 책사로 묶을 수 없기 때문에 다섯
곳을 국화동菊花童 박철朴鐵로 고정시키고 가운데에 원환圓環을 달
았다.

　정조가 종묘 신실 책보장冊寶欌에 봉안한 『국조보감』은 선왕의
신위神位와 동일한 위상을 지닌 책이다. 국립고궁박물관에 현전하
는 변철로 장황한 『국조보감』은 책의를 펼치기조차 어렵다. 어람건
의궤와 달리 원환이 없는 『국조보감』은 열람이 아닌 봉안이 책의
용도임을 알려준다.

4장

책지의 공급과 활용

책지의 종류와 품질

서책 본문에 사용된 종이를 책지冊紙라고 한다. 책을 책판이나 활자로 인출했다면 인출지印出紙가 책지가 되며, 붓으로 서사書寫했다면 정서지正書紙가 책지가 된다. 어떤 종이를 책지로 사용했는가 하는 점은 장황의 중요한 요소다. 책의를 종이가 아닌 비단으로 장황하거나, 품질이 좋은 종이를 책지로 사용했다면 책의 가치는 높아진다. 특정인만 열람하거나 특정한 장소에 영구히 보존하는 봉안奉安을 목적으로 하는 책처럼 특별한 용도를 지닌 책은 여타의 책과는 다른 책지를 사용했다.

조선 후기 궁궐 내외에 있는 관서에서 사용하는 종이는 장흥고와 풍저창豐儲倉에서 매달 정식定式에 의해 공급했다.[1] 책지는 교서관에서 공급하는 첩책지貼冊紙와 권책지卷冊紙를 사용했다. 첩책지는 국왕에게 올리는 진상건과 특별한 곳에 봉안하는 봉안건에 사용했다. 권책지는 신하와 관서에 내려주는 반사건을 찍어낼 때 사용했다. 이 외에 백면지白綿紙와 백지白紙를 책지로 사용하기도 했다. 교서관의 첩책지와 권책지는 서책을 인출하기 위한 용도이므로, 남아 있는 수량이 많더라도 만약에 있을 인출에 대비하기 위해 남겨두는 것이 상례였다.[2] 교서관에서 공급할 수량이 부족하면 호조에서 지정하거나 장흥고에서 공급하게 된다.

첩책지의 품질은 장흥고의 초주지草注紙와 같고 권책지의 품질은 저주지楮注紙와 동일했다. 같은 품질의 종이를

『탁지정례』, 교서관, 규장각한국학연구원.

두 가지 명칭으로 불러 종이를 요청하거나 조달할 때 혼란을 가져왔다. 종이의 수량 단위도 달라서 첩책지의 경우 10장이 한 첩貼이 되고, 권책지는 20장이 한 권卷이 된다.[3] 이에 1762년 호조판서 김상복金相福은 '첩책지에 쓸 초주지'와 '권책지에 쓸 저주지'로 명칭을 바꾸어 교서관과 장흥고에서 착오하지 않게 할 것을 아뢰었다.[4]

1700년에는 『선원계보기략』을 교정하기 위해 설치한 교정청校正廳에서 인출을 앞두고 호조판서 김구金搆가 종이가 매우 귀해 공물하인貢物下人이 책지를 바치기 어려움을 아뢰었다. 그는 어람건 서책의 책지는 품질을 내리기 어렵지만 반사건은 후백지로 인출하는 것이 합당하다고 했다. 이때 반사건의 책지는 1000여 권의 많은 수량

이 필요했고, 어첩御牒을 수록하고 있는 『선원계보기략』 지품에 대해 쉽게 논의하기 어려웠다.

책지 마련의 어려움을 타개하기 위해 김구는 교서관에서 간행하는 여타 책자의 반사건은 후백지厚白紙로 쓸 것을 정식으로 하자고 건의했다. 병조판서 오도일吳道一은 물자가 어려운 시기에 경비를 생각해야 하지만, 『선원계보기략』은 어첩이 있기 때문에 지품紙品을 내릴 수 없다고 했다. 대신 교서관에서 간행하는 모든 서책의 지품은 후백지를 정식으로 하자고 제안하자, 숙종도 이에 동의해 교서관 책지는 이에 따르도록 윤허했다.[5] 이상의 논의를 통해 『선원계보기략』은 왕실 서책으로서 일반 서책과는 위상이 구별되며, 그에 상응하는 책지를 갖추는 것이 중요한 사항이었음을 알 수 있다.

영조 연간의 『선원계보기략』은 대개 진상건·진헌건·봉안건의 책지로 초주지를 사용했고, 반사건의 책지는 저주지를 사용했다. 그러나 1725년에는 반사건을 저주지가 아닌 예단지禮單紙로 인출했다. 당시 반사건을 찍어낼 책지로 무려 4000권에 이르는 저주지가 필요했다. 호조판서 신사철申思喆이 책지를 공급하는 교서관에 남아 있는 수량을 조사해보니 수백 권에 불과했고 종이가 오래되어 좋지 않았다. 그렇다고 삼남三南에 저주지를 바치라고 수량을 지정해 내리게 되면 여러 읍에 끼치는 폐를 생각하지 않을 수 없었다. 삼남은 호남인 전라도와 호서인 충청도, 영남인 경상도를 가리킨다.

신사철은 문제 해결의 대안으로 호조에 있는 예단지를 반사건의 책지로 쓸 것을 영조에게 아뢰었다. 호조의 잘라놓은 예단지는 수량이 충분했고, 비록 품질이 저주지보다는 못하나 보통 사용하는 장지壯紙보다는 우수했다. 반사건은 어람건과는 차등이 있으니 호조의 예단지로 인출하면 공인貢人이나 외방의 읍에 조금이라도 폐를 줄일 수 있다는 것이 그의 의견이었다.[6] 이후 1744년·1747년·1751년에도 『선원계보기략』 반사건은 예단지를 사용했다. 이처럼 담당 관원이 당시 물자의 상황을 아뢰면 국왕은 전례를 참고해 책지를 결정했다.

책지에 사용된 종이 가격을 표 6에서 『탁지준절』의 한 장 절가折價로 비교해보면 그 품질을 예상할 수 있다. 절가는 시장에서 수요와 공급에 의해 형성된 시가時價가 아닌 관에서 임의로 책정한 가격이다.

표 6 책지의 종류와 절가

종이 종류	원미元米·지정미지定米	절가折價		
		전錢	푼分	리厘
초주지(첩책지)	원미 7두斗 5승升	1	7	3
저주지(권책지)	원미 7두	1		
백면지	지정미 7두		5	5
후백지			5	
예단백면지	지정미 5두			
백지			2	2

왕실 서책의 용도에 따른 봉안건·진상건·반사건의 책지는 표 7과 같다. 봉안건은 항상 초주지를 썼으나, 진상건·진헌건의 책지는 초주지만을 고집하지 않고 여건에 따라 종이 품질을 낮추어 저주지

·백면지·백지를 함께 사용했다. 1785년에『궁원의』반사건은 초주지·저주지·백면지·백지 네 종의 책지로 찍었다.

표 7 왕실 서책의 용도별 책지

서명	봉안건	진상건·진헌건	반사건
『선원계보기략』	초주지	초주지	저주지·예단지·백면지
『열성어제』	초주지	초주지·백면지	저주지·백면지·예단지·백지
『국조보감』	초주지	초주지·저주지·백면지·백지	백면지·백지
『궁원의』	초주지	백면지·백지	초주지·저주지·백면지·백지

1782년 4월 29일 감인청에서『국조보감』의 인출을 시작하려고 진상건과 반사건의 수량을 정조에게 품의했다. 정조는 진상건 책지는 종이에 따라 인출 건수를 다르게 해 50건을 인출하고, 반사할 50건은 모두 백지로 인출하라고 명했다. 정조는 책지가 두꺼우면 도리어 책을 펴볼 때 방해가 되니, 공인貢人에게서 책지를 받을 때 절대로 공무를 빙자해 퇴자 놓지 말라고 엄히 신칙했다. 이것은 1781년『어정팔자백선御定八子百選』을 간인할 때도 각별히 신칙한 사항이었다.7

정창성鄭昌聖은 백면지를 공물로 조달하는 공인들이 백면지가 사용되지 않는 것을 걱정하고 있으며, 오래전에 쌓아둔 것이 많다고 들었으니『국조보감』의 책지로 쓸 것을 제안했다. 그러나 김화진金華鎭은 백면지 값이 비싸서 백지보다 못할 것 같다고 했다. 이에 정조도 백지로 인출하라고 명했다. 대신 교서관에 남아 있는 책지는 앞으로 경서經書를 인출할 때 사용할 것이니 그대로 두고, 백면지를

『탁지준절』, 지지紙地, 규장각한국학연구원.

써서 공인들의 고민도 해결해주도록 했다. 이에 따라 백면지와 백지가 『국조보감』의 책지로 사용되었다. 정조가 12조朝에 해당되는 『국조보감』을 간인한 후, 1846년 헌종은 감인청을 설치해 『국조보감』을 찬진纂進할 것을 논의했다. 1848년 『국조보감』은 1782년의 전례에 따라 진상건과 반사건의 인출 건수 및 책지를 그대로 따랐다.

1836년에 간인된 순조와 익종의 『열성어제』는 정조의 어제를 인출했을 때의 전례를 따라 70건을 5종의 책지로 인출했다.[8] 1726년 『열성어제』에 초주지·저주지·백면지를 사용했던 전례에서 종이의 품질을 낮추어 예단지와 백지로도 인출하게 된 것이다.

책지의 도침

조선의 기록 문화를 가능하게 한 배경에는 '닥나무楮'라는 물질과, '도침搗砧'이라는 가공 방법으로 만들어진 한지가 있다. 도침은 종이를 두드려 섬유 사이의 공간을 없애줌으로써 평활도를 높이는 효과를 가져온다. 서명응徐命膺은 "우리나라 종이는 매우 단단하고 질기기 때문에 두드리는 작업을 거쳐 더욱 고르고 매끄럽게 만들 수 있는데 다른 나라의 종이는 그렇게 할 수 없다"고 했다. 닥나무는 장피섬유長皮纖維이기 때문에 도침 가공으로 숙지熟紙를 만들 수 있지만, 중국은 대나무 등 단피섬유로 종이를 만들었기 때문에 도침이 불가능하다.

도침을 하려면 도침칸擣砧間이나 지침紙砧 또는 침가砧家라고 부르는 작업 공간이 필요하다. 중국에 보내는 표문表文·전문箋文·자문咨文의 종이를 만드는 조지서에는 숙정칸熟正間과 도침칸擣砧間 등 종이 만드는 데 필요한 부속 건물이 구비되어 있었다. 조선 전기의 조지서는 종이 뜨는 작업 및 도침하는 작업 등을 맡은 장인과 기구들을 완비해 종이 품질이 우수했다. 그러나 임진왜란 이후에는 부속 건물들이 무너지고 장인들이 감축되어 옛 형세를 회복하기 어려웠고, 가장 요긴한 숙정칸과 도침칸의 수리를 요청하는 일이 잦았다.

도침은 종이를 제조한 다음 서사 재료로서 종이의 기능을 높이기 위해 시행한 가공법으로 알려져 있다. 그러나 책지를 인출하거나 정서한 다음 장책하기 전에도 책지를 도침했다. 왕실 서책을 간행하는 청廳에 침가를 설치할 공간이 없을 때는 책지를 조지서로 가져가 도침했다. 청에서 조지서로 도침하러 갈 때, 책지 운반에 필요한 물품과 인력은 당일 파루 때 출발 장소에 대령하라고 해당 관서에 지시했다. 보통 책지를 가자架子에 싣고 붉은 무명 보자기紅木袱로 덮은 후 소삭小索으로 묶고 가자군架子軍이 담삭擔索으로 연결해 메었다.

　1725년 『선원계보기략』의 책지를 교정청에서 조지서로 도침하러 갈 때 준비한 인원과 물품은 표 8과 같다.9 인로군부터 도침군까지는 교정청에서 책지를 싣고 함께 출발하는 인원이다. 그중 인로군이 길을 인도하고, 가자를 메는 담지군의 예비로 부추군이 동행했다. 가자는 두 개의 장대에 상자를 연결하고 거기에 짐을 실어, 둘 또는 네 사람이 들어 나르는 연장이다. 가자에 실은 책지는 네 폭의 붉은 비단 보자기로 덮은 후 홍조삭으로 묶었다. 이는 일반 서책과 구별되는 왕실 서책의 위격에 맞는 물품을 사용한 것이다. 폐위된 광해군의 경우, 서책의 위상이 낮아 1634년 정서를 마친 『광해군일기』를 네 필의 말에 실어 조지서로 운반했다.

　앙장과 유둔은 도침하는 장소인 조지서에 설치하는 것이며 이외에 바닥에 지의地衣를 깔기도 했다. 청에서 도침할 때는 필요한 연장을 도침 장소로 옮겨와야 했다. 1677년 『현종실록』 책지를 도침할 때는 찬수청纂修廳에 침가 세 칸을 임시로 설치하고 초둔草芚으로 둘러쳤다. 찬수청은 한성부에 지시해 수레를 가져가서 성균관에 있는 침목砧木을 비롯한 도구들을 찬수청으로 실어오게 했다.10 1727년 『선원계보기략』의 책지를 도침할 때는 지장紙匠이 나무 방망이와 지갑紙甲 등을 가지고 교정청으로 오도록 조지서에 지시했다.

　백휴지는 도침할 때 격지隔紙로 들어가는 것인데 후유지厚油紙를 사용하기도 했다. 도침은 종이를 제조한 다음에 하는데, 마른 종이 한 장에 젖은 종이 한 장을 교대로 쌓아 백 장을 한 무더기로 만들어 탁자 위에 올려놓은 후, 판자를 그 위에 놓고 큰 돌로 누른다. 하루가 지난 후에 돌 위에서 이삼백 번 두드려 마른 것과 젖은 것을 끼워 겹쳐 놓고, 다시 이삼백 번을 두드리는 과정을 서너 차례 반복하면 기름종이처럼 광택이 나고 매끄럽게 된다.[11]

책지를 도침할 때는 서책의 내용이 담긴 책지를 보호하기 위해 책지 상하에 격지를 대고 두드렸다. 책지는 도침 과정을 통해 섬유 조직이 치밀해지고 지면紙面이 매끄럽게 된다. 도침한 책지는 광택이 나며 두께가 얇아져 서책의 부피가 줄어드는 효과가 있다. 도침하는 날 조지서에 대령하는 인원으로 책장과 다회장이 있다. 책장은 도침을 마친 책지를 묶는 장책粧冊 작업을 진행하려고 도침 장소인 조지서에 대령한 것이다. 상의원 다회장은 책지를 묶을 때 필요한 책사冊絲를 합결合結하는 장인으로 도침 현장에서 작업한 사례다.

표 8 1725년 『선원계보기략』의 도침 소용 인원과 물품

인원과 물품	공급 관서	대령처
인로군引路軍 2명	위장소衛將所	교정청校正廳
담지군擔持軍 2명	위장소	교정청
부추군扶推軍 1명	위장소	교정청
도침군搗砧軍 4명	위장소	교정청
가자架子 1부部	선공감繕工監	교정청
담줄擔 1건	선공감	교정청
홍주사폭복紅紬肆幅 1건	제용감濟用監	교정청
홍조삭紅條索 1거리巨里	선공감	교정청
앙장仰帳 1부	전설사典設司	조지서造紙署
유둔油芚 1부	장흥고長興庫	조지서
백휴지白休紙 4권	사섬시司贍寺	조지서
책장冊匠 1명	교서관校書館	조지서
다회장多繪匠 1명	상의원尙衣院	조지서

책지의 개장과 세보

책지를 개장改張하거나 세보洗補하는 것은 책지에서 발견한 오자 誤字를 수정하는 방법이다. 개장은 오자가 있는 책지를 빼내고 해당 부분을 수정한 책지로 바꾸는 것이다. 세보는 오자가 있는 부분을 베어내고 그 자리에 수정한 글자를 적은 종이를 붙여 보완하는 것 이다. '세洗'는 하던 일이 마무리되어 손을 씻는다는 의미다.

서책을 완성한 후 오자를 수정하는 방법으로 개장보다 세보를

많이 활용했다. 1598년 관상감은 이전에 찍어낸 역서曆書를 수정할 부분만 세보해 그대로 반포하는 안을 선조에게 아뢰었다. 이에 대해 선조는 우리나라 사람들은 본래 게으르고 부지런하지 못한데 수천 부의 역서를 누가 일일이 세보하겠냐고 말했다.[12]

1727년 민진원은 실록을 활자로 찍을 경우, 한 글자의 오자가 있을 때마다 전판全板을 헐고 다시 활자를 배열한다면 인출 작업을 마칠 기약이 없다고 영조에게 아뢰었다. 그는 작업을 원활히 진행하기 위해 오자의 수정 기준을 제안했다. 그는 오자가 반행半行 혹은 한두 줄이 될 정도로 많을 경우에는 활자를 다시 조판하고, 오자가 한두 자에서 대여섯 자 정도면 세보해도 무방하다고 아뢰어 영조의 허락을 받았다.[13]

이후 민진원은 『승정원일기』를 살펴보다가 1689년 이후에는 한자의 왼쪽 획인 편偏과 오른쪽 획인 방傍의 한두 글자 외에는 세보하지 말도록 한 것을 알게 되었다. 즉 오자가 편방 한두 자일 경우에만 세보하도록 한 것이다. 3월 27일 민진원은 세보의 기준을 오자 한두 자일 경우로 국한할 것인지 아니면 대여섯 자까지 세보할 것인지를 다시 영조에게 물었다.

이때 영조는 세보라는 것이 무엇인지 물었고, 민진원은 인출 후 창준唱準할 때 오자가 있으면 그 오자가 있는 곳을 잘라 버리고 글자를 고쳐서 보완하는 것이라고 답했다. 민진원의 대답을 들은 영조는 한두 자는 대여섯 자에 비해 크게 차이가 없으니 이전에 허락한 대로 세보하라고 했다.[14]

책지의 개장과 세보는 보편적인 오자 수정 방법으로 문자의 역사와 오랜 세월 함께했다. 왕실 서책 중에서 개장과 세보를 적극 활용해 간행한 책은 『선원계보기략』이다. 『선원계보기략』은 1679년 처음으로 간행한 이후 왕실 의례와 관련해 발생하는 수정 사항을 계속 교정해 보완했다. 이것을 '중교보간重校補刊'이라고 하는데, 『선원계보기략』은 이것을 개장과 세보로 해결해나가면서 조선 후기에 『선원계보기략』의 수정을 정례화시켰다.

영조 연간에 『선원계보기략』의 개장과 세보에 관한 논의를 살펴보자. 1725년 『선원계보기략』 수정은 영조가 즉위한 후 처음으로 거행된 것이었다. 『선원계보기략』은 개장하는 장이 많지 않더라도, 사서삼경과 같은 일반 서책과 달리 300여 건을 찍기 때문에 한 장만 고치더라도 비용과 작업이 만만치 않았다. 따라서 영조는 내전內殿에 수장하고 있는 『선원계보기략』 신건新件이 너무 많아 낭비일 뿐 아니라 보관할 때도 공경하기 어렵다고 판단하고, 영조 연간 이후에는 개장해야 하는 장만을 고쳐서 들이는 것으로 거행하도록 했다.[15]

영조는 만약 『선원계보기략』이 없었다면 그만이지만 기왕에 『선원계보기략』이 있으니 간행을 소홀히 할 수 없다고 했다. 그런데 간행을 지속하려면 경비를 고려해야 하므로 진상건을 개장하고, 당저當宁의 자손록 장도 수개修改하는 것이 좋겠다고 했다.[16] 영조의 이러한 생각은 숙종 연간에 처음으로 간행한 『선원계보기략』을 지속해나가려는 의지와, 간행에 들어가는 경비를 줄이려는 노력이 반영된 것이다.

영조가 즉위한 후 처음으로 이루어진 1725년 『선원계보기략』 수정은 경종의 시호諡號·묘호廟號·능호陵號와 영조의 사위嗣位에 관한 것이었다. 이때 1723년 수정한 『선원계보기략』을 거둬들여 수정하는 규정을 세 가지로 허락했는데, 책지 한 장에서 수정할 곳이 네 곳 이상이면 개인改印, 세 곳 이하면 세보, 한두 곳이라도 글자 수가 많으면 개인하기로 했다.[17] 이 규정을 보면 『선원계보기략』을 수정하는 방법은 글자 수에 따라 개인과 세보로 나뉘었음을 알 수 있다.

즉 『선원계보기략』의 한 장에서 수정해야 할 곳이 네 곳 이상이거나 한두 곳에 불과하더라도 글자 수가 많으면 책판을 다시 새겨 찍어내는 것이 개인이다. 이에 반해 수정해야 할 곳이 세 곳 이하거나 자수가 적을 때는 1723년의 『선원계보기략』을 세보해 그대로 사용하자는 것이다. 이때의 세보는 『선원계보기략』 전권全卷을 새로 인출하는 과정을 생략하고, 이전의 『선원계보기략』에서 수정할 부분을 오려내고 보완하는 것이다. 『선원계보기략』을 간행하는 또 다른 방법은 책판을 세보하는 것이다. 이것은 책지의 오자를 수정하는 세보와는 명확히 구별되는 것으로, 중교보간이라는 왕실 족보인 『선원계보기략』이 지닌 특성에 기인하는 것이다.

1727년 의궤의 말미에는 「보략수개처譜略修改處」가 수록되어 있다. 자손록子孫錄의 소주小註에서 수정해야 하는 곳은 '見○改○'로 기록했다.[18] 예를 들면, '歲字張 密豐君 小註 見如改松'은 책지의 순서를 말하는 장차張次가 『천자문』의 순서에서 '歲'인 장에 '密豐君'이 나오는데 그 소주에 '見如'라고 쓰여 있는 것을 '見松'으로 수정하라는 것이다. 즉 수정해야 할 글자는 '如' 대신 '松'으로 한 글자에 불과하기에 자손록을 수정할 때는 세보를 활용했다. 또한 새로 태어난 옹주를 '馨'자의 책지에 첨입했기 때문에 항수行數가 차차 밀려나 '馨·如·松·之·盛·川·流·不·息·淵·澄·取·映·容'에 해당되는 14장의 책판을 고쳐서 판각했다.[19]

『선원계보기략』의 자손록 중 소주를 수정할 때는 목판 전체를 다시 새기지 않고, 구판자舊板子의 해당 부분을 도려낸 다음 자작판에 글자를 새로 새긴 후 어교魚膠를 발라 파낸 자리를 메웠다.[20] 구판자를 개각하여 세보할 때 필요한 자작판을 의궤에서는 '보공차補孔次 자작판自作板'으로 칭한다. 이 작업은 사자관·각수·제각장蹄刻匠·소목장小木匠을 동원해 진행했다.

1744년 10월 『선원계보기략』을 수정할 때 세보한 곳을 기록한 것이 「세보기洗補記」다. 이 「세보기」에는 '篇·丈·千字文·人名·洗補處'의 순서로 기록했다. 「세보기」에서 가장 처음에 나오는 항목을 예로 들면 자손록 제2권 첫 장의 장차는 윤閏인데 그 장에 수록된 '男永壽'와 '男', 두 곳의 소주에 '毓祥宮'을 찍어 넣으라는 것이다.[21]

『선원계보기략』(1740) 제2권 첫 장의 '男永壽'가 수록된 부분은 '男永壽'의 소주에 '淑嬪崔氏出'이라고 되어 있다. 이것을 1744년 「세보기」에 기록된 바와 같이 '男永壽'의 소주 '淑嬪崔氏出' 앞에 '毓祥宮'을 넣어 인출한 것이 『선원계보기략』(1744)이다.

'男永壽'의 소주를 수정한 방법은, 1740년 『선원보략』에서 소주를 잘라내고 '毓祥宮淑嬪崔氏出早卒 ○墓在高陽清潭村'이라는 소주를 새로 찍어내 해당 부분에 붙여 넣는 것이었다. 소주를 수정할 때 필요한 자작판은 '세보차洗補次 자작판自作板'으로 의궤에 기록되어 있다. 새로 세보한 종이는 인출 부분이 세로 4.2센티미터, 가로 3.6센

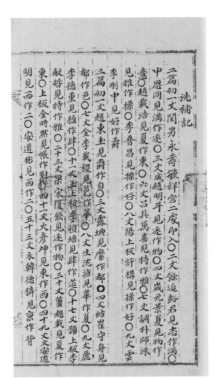

『선원보략수정시교정청의궤』,
「세보기」, 규장각한국학연구원.

티미터의 크기인데, 소주 둘레를 1.5센티미터 여유 있게 자른 인출지印出紙 자체다. 이전의 인찰선을 그대로 살려 종이를 뒤에서 덧댔기 때문에 자세하게 살피지 않으면 세보했다는 것을 알기 어렵다.

『선원계보기략』 외에도 책판을 세보해 수정한 사례는 종종 있다. 1748년 영조는 『동몽선습童蒙先習』 마지막 장에 고려 공양왕의 이름인 '요瑤'를 바로 쓴 것을 보고, 교서관에서 구판舊板을 세보해 공양왕의 묘호廟號를 쓰라고 명했다.[22] 『동몽선습』은 1742년에 영조가 쓴 서문序文을 수록해 교서관에서 책판으로 찍어냈는데, 이 책

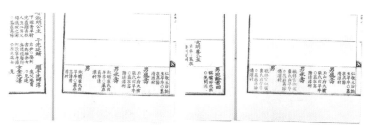

『선원계보기략』(1740) 권2, '淑嬪崔氏'(왼쪽)와 『선원계보기략』(1744) 권2, '毓祥宮淑嬪崔氏', 규장각한국학연구원.

판에서 공양왕의 이름을 피휘하는 예로써 도려내고 묘호로 바꿔 수정 작업을 하라는 것이다.

이를 통해 세보가 인출한 책지를 수정하는 것뿐만 아니라 책판을 수정하는 것도 지칭하는 용어임을 알 수 있다. 책판에서 오자를 도려내고 새로 새긴 글자를 끼워 넣는 세보를 한국의 서지학에서는 '상감象嵌'이라 칭하고, 일본은 '매목埋木'이라 일컫는다.23 『선원계보기략』 책판의 수정 사례를 통해 세보의 개념과 범위를 알 수 있다.

굽지의 발생과 활용

책지를 찍어낸 후 상하좌우에 보기 좋게 여유를 두고 나머지 부분을 잘라내는데, 이 종이를 '굽지蹄紙'라고 한다. 판심版心의 중앙이 밖으로 향하게 책지를 반으로 접은 후 책지의 상하와 판심의 반대편, 즉 서책을 묶는 쪽에 해당되는 세 부분을 잘라내면 발굽 모양의 여지餘紙가 생겨난다. 그 종이가 마치 발굽 모양이기 때문에 '굽

지'라고 부르며, '발굽'이라는 뜻의 한자 '제蹄'를 빌려 '蹄紙'로 표기한 것이다.

『행용이문行用吏文』에는 '蹄紙'는 '굽지'이며 세폐지歲幣紙의 길이와 너비를 잘라낸 것이라고 풀이했다.[24] 만일 책지를 인출한 상태 그대로 상하좌우의 네 부분을 잘라냈다면 'ㅁ'자 형태의 여지가 된다. 따라서 굽지의 'ㄷ'자 형태의 종이는 책지를 접은 후 여지를 잘라냈다는 사실을 상기시킨다.

이덕무는 책지에서 발생되는 굽지를 최소화하기 위해서는 책지의 견본을 정해 서책의 용도에 맞게 생산해야 함을 강조했다. 이렇게 하면 서책의 크기가 조금 더 작아질 수 있고 무게 또한 가벼워진다는 것이다. 나아가 이것이 책값을 낮추고 서책의 유통을 촉진해 누구라도 서책을 수장하기가 쉬워진다는 것이다. 현전하는 조선 서책을 살펴보면 굽지를 잘라내고도 서책의 상하 지변紙邊은 중국 서책에 비해 훨씬 넓다.

만약 책지를 만들 때 크기 견본을 대·중·소 세 종류로 나누고, 종이 생산지와 종이 만드는 장인匠人에게 반포해 종이를 아주 얇고 희게 만드는 데 힘쓰게 한 뒤 책을 인출하면, 굽지가 지나치게 넓은 폐단은 없어질 것이다. 굽지란 책의 세 부분을 끊어낸 것을 말하는데, 이익은 책공冊工에게 돌아가니 하늘이 내려준 물건을 함부로 없애버리는 것이라 하겠다. 게다가 만든 모양이 크므로 근량이 무겁고, 근량이 무거우므로 책값이 비싸다. 책값이 비싸니 간인본이 보급되지 않고, 간인본의 보급이 안 되므로 서책을 수장하기가 쉽지 않다. 하물며 책을 좋아하는 취미도 없고, 부지런히 독서하는 선비도 드문 데서 어떻게 책을 구제할 수 있겠는가.[25]

굽지로 인한 종이 손실에 대해 박제가도 같은 문제의식을 지니고 있었다. 특히 박제가는 종이를 떠내는 발簾 크기에 대한 기준이 없어서 손실이 큰 것을 언급했다. 전국에서 공급하는 종이의 크기가 일정하지 않기 때문에 손실이 크다는 것이다. 박제가는 서책 크기를 기준으로 발 크기를 맞게 한다면 종이의 손실을 줄일 수 있다고 제안했다.

보통 물속에 분해되어 있는 섬유를 발로 떠내 만든 종이를 반으로 잘라 책지로 사용했다. 그러나 반으로 자른 종이로 서책을 인출하면 인찰선 밖의 남은 종이가 너무 넓어 굽지를 잘라버리게 되고, 삼등분한 종이는 너무 짧아 책지 아래 지변이 부족해진다.

종이를 뜨는 발에 일정한 척도가 없다. 보통 서책에 쓸 종이를 자를 때 반으로 자르면 너무 커서 그 나머지는 모두 잘라 버리게 된다. 삼등분하면 너무 짧아서 글자의 아랫부분이 없게 된다. 또 팔도 종이는 길이가 모두 같지 않다. 이 때문에 버리는 종이가 얼마인가. 보통 종이가 반드시 서책에 다 들어가는 것이 아닌데도 반드시 서책을 가지고 길이의 기준을 삼아야 하는 까닭은, 이것에 합당한 것은 다른 용도로도 쓸 수 있지만 이것에 합당하지 않으면 버리는 것이 너무 크기 때문이다.

중국 종이는 척도가 서로 같은데 대개 이 점을 살폈기 때문이다. 다만 종이만이 아니다. 다른 물건도 그렇지 않은 것이 없다. 우리나라의 포백은 너비가 만이면 만 모두 다른데 베 짜는 바디의 치수를 정비하지 않았기 때문이다. 종이 뜨는 발도 당연히 일정한 규격을 정해 온 나라에 반포하는 것이 마땅하다.[26]

서책 인출에 관한 많은 기록이 있지만 굽지에 대해 언급한 것은 드물다. 여기서는 『선원계보기략』 인출지와 『만기요람萬機要覽』 세폐지를 통해 굽지를 어떻게 활용했는지 살펴보고자 한다. 서책을 인출할 때 준비하는 종이는 책지 외에 예비지가 있다. 서책을 인출할 때 먹이 너무 많이 묻어서 글자가 번져 읽을 수 없게 된 책지를 '농묵지濃墨紙'라고 한다. 예비지는 농묵지가 나올 경우 다시 찍어내려고 예비해놓는 종이다. 예비지는 보통 인출지의 10퍼센트를 마련해두었다가 필요시 사용했다.

1739년 7월 12일 교정청은 호조에 관문關文을 보내 『선원계보기략』을 간인할 때 들어간 모든 물품에 대해 회감했다. 이 관문의 후록後錄에는 인출지에 대한 내역이 상세하게 기록되어 있어 총량을 산출할 수 있다.[27] 1739년 『선원계보기략』을 인출할 때 들어간 종이 수량을 제시하면 표 9와 같다. 『선원계보기략』을 찍어내는 데 들어간 종이 수량은 소계에 해당된다.

표 9 1739년 『선원계보기략』의 인출지

용도	인출 건수	인출지	수량
진상·진헌건	13건	초주지	172권 18장
		예비지	17권 5장
		농묵지	8권 9장
		소계	181권 7장
반사·관상건	202건	저주지	444권 8장
		예비지	44권 4장
		농묵지	24권 1장 반
		소계	468권 9장 반

1739년 『선원계보기략』의 경우 이외에 추가로 들어간 내용과 발문跋文을 인출하는 데 초주지 3권 11장 반과 저주지 55권 11장이 더 사용되었다. 이로써 1739년 『선원보략』을 인출하는 데 들어간 초주지는 184권 18장 반이고, 저주지는 524권 반 장이다. 초주지와 저주지로 인출된 책지의 총량은 708권 19장이다. 이 책지를 마름질하여 잘라낸 후 남은 굽지가 401근斤이었다. 교정청은 당상에게 전례에는 창준·서리·사령·군사 등에게 굽지를 나누어주었는데, 이번에는 어떻게 할지를 품목稟目으로 여쭈었고, 이에 대해 당상은 전례대로 나누어주라고 결재했다.[28] 이덕무가 굽지를 책공에게 준다고 한 언급은 이와 같은 사례를 말한 것이다.

굽지에 대한 또 다른 기록은 『만기요람』의 '세폐歲幣' 항목에서 찾아볼 수 있다. 해마다 조선에서 청에 바치는 공물인 세폐를 포장하는 유둔油芚은 대호지大好紙와 소호지小好紙의 굽지를 가지고 만든 것이다. 유둔 251부는 대호지와 소호지를 마름질해 잘라낸 굽지 642근 13량을 지장紙匠에게 주어 종이를 뜬 다음 장흥고에 내주어 기름을 먹인다. 유둔 한 부를 기름칠할 때 들어가는 들기름은 네 홉씩이며 들기름은 의영고에서 공급한다.[29] 『탁지정례度支定例』에 의하면 세폐를 봉과하는 데 쓰는 물품 목록에 네 장을 붙인 유둔과 세 장을 붙인 유둔 두 종류가 있다.[30]

세폐 물건에는 대호지와 소호지가 들어가지만, 그 외 성절聖節을 비롯해 동지冬至·정조正朝·사은謝恩·진주陳奏에 보내는 방물方物은 백면지였다. 이 방물 종이는 호조에서 마련하는 것으로 1000권마다 10권에 해당되는 '보補'를 예비한다. 성절에는 백면지 1400권, 동지와 정조에는 각기 1300권, 사은과 진주에는 각기 2000권을 보냈다.[31] 중국 연경과 열하의 궁전 창은 모두 조선에서 방물로 보낸 백면지로 도배했는데, 이는 종이가 질기고 내구성이 있기 때문이다. 그러나 백면지는 후백지보다 낮고 하품 저주지보다 못한 종이로, 조선의 종이 가운데서는 좋은 품질은

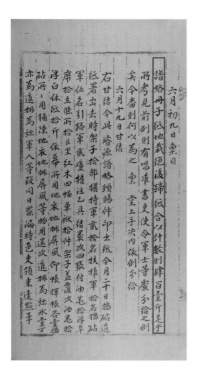

『선원보략교정청의궤』, 굽지,
규장각한국학연구원.

아니다.[32]

백면지에서 잘라낸 굽지를 어떻게 활용했는지를 알려주는 기록
이 있다. 지전紙廛에 관한 중요한 자료인 『경신년고차지각항지물등
서등등전장책庚申年庫次知各項紙物謄書等等傳掌冊』은 매년 6개월 단위
로 2월과 8월에 종이의 회계를 기록했다. 이 전장책은 각 종이를 '○
○○秩'로 분류하여 수입에 관한 것은 '받자捧上' 항목, 지출에 관한
것은 '차하上下' 항목, 그리고 다음 회계 주기로 넘어가는 수량에 대
한 '전장傳掌' 정보를 수록했다. 여기에는 백면지를 비롯해 예단지禮

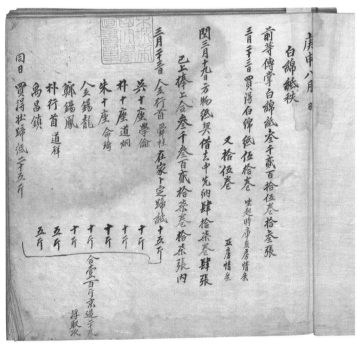

『경신년고차지각항지물등서등등전장책』, 백면지질, 규장각한국학연구원/중앙도서관.

單紙·상화지霜花紙·정락지庭落紙·감락지監落紙·계목지啓目紙·지차지之次紙·경소지京小紙와 같은 여러 종류의 종이가 나온다.

이 전장책의 첫 회계 주기인 「경신팔월일庚申八月日」의 '면백지질白綿紙秩'에 굽지가 나온다. 3월 23일 지전에서는 경조백면지京造白綿紙 20권을 떠내기 위해 지전의 행수行首 김순주金舜柱를 비롯해 십좌十座 오학륜吳學倫·박도형朴道炯 등 지전 상인들의 집에 있는 백면지의 굽지를 각기 수량을 지정해 75근을 거두었고, 25근은 장지壯紙의 굽지를 사들여 굽지의 총량은 100근이었다.[33] 이로 보아 지전에서는 굽지를 사들이기도 한다는 것을 알 수 있다. 4월 17일에는 성균관에 들여보낼 하삭지下朔紙를 도련刀鍊하고 남은 굽지가 2근이었다. 또한 5월 25일에는 성균관에 들여보낼 백면지를 예단지로 바꾸어 만들면서 나온 굽지가 1근 7량이었다.[34]

다음 회계 주기인 「신유이월일辛酉二月日」에는 각양전장질各樣傳掌秩 내 장지의 굽지에 합계 3근 7량으로 기입되어 있다. 이후 「신유팔월일辛酉八月日」에 각양전장질에 기입된 굽지 3근 7량은 5월 9일 계목지를 떠낼 때 사용했다고 기록되어 있다.[35] 곧 1년 만에 백면지의 굽지를 계목지로 재생한 것이다. 또한 각양전장질에 새로 5월과 6월 등 성균관에 들여보낼 하초지下草紙를 도련해 나온 굽지 3근 11량과, 백지를 도련해 나온 굽지 14근이 기입되었다.[36] 이후 이 굽지는 1년 3개월 후인 임술년 9월 5일 임하공林下公에게 내다 팔았다.[37] 이와 같이 지전에서는 굽지를 사들여 새로운 종이로 떠내기도 하고 내다 팔기도 했다.

5장

책을 만든 장인들의 세계

출판 기술직의 분류와 직제

한 권의 책을 구성하는 기본 요소는 형태와 내용이다. 어떤 내용의 책을 간행할 것인지에 대해 논의하고 관여한 사람들은 책에 담길 정보를 결정한다. 이 역할은 국왕을 중심으로 당대 지식인이라 할 수 있는 조정의 신하들이 담당했다. 그렇다면 물질의 측면에서 책의 형태를 만든 사람들은 누구인가. 조선시대에 책의 형태를 만들어낸 전문가는 교서관에 소속된 원역員役과 공장工匠이라는 직제에 있는 사람들이다. 조선시대의 관서에는 품계를 갖고 있는 실직實職 관원官員이 있고, 관원 아래에는 잡직雜職에 속하는 원역과 공장에 해당되는 장인들이 있었다.

조선 전기의 『경국대전經國大典』과 후기의 『육전조례六典條例』에 규정되어 있는 교서관 출판 기술직의 분류와 인원을 살펴보자. 『경국대전』의 「이전吏典」 '잡직雜職'조를 보면, 교서관에는 종8품의 사준司準 1원員과 종9품의 사감司勘 1원이 있으며, 수장제원守欌諸員 44명과 장책제원粧冊諸員 20명이 있다.

『경국대전』의 「공전工典」에서 '공장工匠'조를 보면, 서울에 거주하는 경공장京工匠과 지방에 거주하는 외공장外工匠에 대한 명부를 작성해 이들이 속한 관서에서 관리하게 했다. 경외공장은 공천公賤을 가리키고, 사천私賤은 여기에 소속되지 않았으며 60세가 되면 역에서 제외시켰다.

표 10 교서관의 출판 기술직과 인원 변화

직임		『경국대전』 (1485)	『승정원일기』 (1626.7.20)	『육전조례』 (1867)
잡직	사준司準	1(종8품) 守藏 遞兒		창준唱準 4
	사감司勘	1(종9품) 守藏 遞兒		
	수장제원守藏諸員	44	19	10(兼內閣大廳直 1名)
	장책제원粧冊諸員	20	19	12(兼內閣大廳直 2名)
공장	각자장刻字匠	14	2	각수장刻手匠 10
	균자장均字匠	40		7
	인출장印出匠	20	1	6
	소목장小木匠	2		1
	조각장雕刻匠	8		
	제각장除刻匠			1
	지장紙匠	4		
	야장冶匠	6		
	주장鑄匠	8		소로장小爐匠 1
	다회장多繪匠			1

조선 사회에서 장인匠人과 상인, 천인賤人과 노예에 해당되는 공

상천예工商賤隷는 관직에 임명될 수 없었다. 그러나 특별한 기술과 부역을 담당할 수 있는 인력을 동원하기 위해 이들을 국가체제의 일정한 편제 속에서 운용할 수밖에 없었다. 따라서 이들을 관품에 따라 관직을 제수하는 문무양반의 관직 체계가 아닌 잡직을 설치해 특수한 기술직에 종사하도록 했다.

조선의 체아직遞兒職은 정해진 녹봉 없이 근무평정에 따라 교체되면서 복무 기간에만 녹봉을 받는 관직이다. 교서관의 사준과 사감은 창준唱準과 보자관補字官으로 명칭이 바뀌는데 수장제원이 갈 수 있는 체아직이다.

『대전속록大典續錄』(1492)에는 교서관 창준은 종9품 부사용副司勇 2원이 있으며 두 차례 도목都目을 한다.[1] 『속대전』(1746)에는 교서관 창준은 종8품 4원이 있으며, 보자관은 종9품 1원이 있는 체아직이다. 창준과 보자관은 교대 없이 계속 근무하는 장번長番이며, 업무 평가는 1월·4월·7월·10월에 걸쳐 네 번의 도목을 거쳤다.[2] 병조의 오위五衛 종9품 부사용 581원 중에 교서관의 보자관 1원과 창준 4원이 있었다. 『대전통편大典通編』(1785)에는 외각의 창준 10원과 보자관 1원으로 교서관 창준의 인원이 증가했다. 『대전회통大典會通』(1865)에는 병조의 오위五衛 종9품 부사용 581원 가운데 교서관의 보자관 1원과 창준 11원이 있었다.

정조는 1776년에 규장각을 세우고 1782년에는 남부 훈도방薰陶防에 있던 교서관을 창덕궁 돈화문 밖으로 옮겨 규장각에 소속시키고 '외각外閣'이라 불렀다. 외각의 잡직에는 창준 10원과 보자관 1원을 두어 내각의 감서監書와 같은 역할을 맡겼다. 규장각의 잡직

중 감서는 규장각의 계하문서啓下文書와 응제문자應製文字를 검토하는 업무를 담당했다.[3]

『대전속록』에는 교서관 창준이 여러 책을 찍어낼 때 영직領職에 제수한다고 규정되어 있다.[4] 『속대전』에는 이 규정이 확대되어 '승문원의 제원諸員 3인人을 영직에 제수하고, 교서관 창준은 책을 인출할 때, 도화서 화원은 궐에 나가 별도로 그림을 그릴 때 종9품인 영직에 제수한다'는 규정이 있다.[5]

잡직체아의 종8품과 종9품에 해당되는 창준과 보자관을 대우했던 실상은 서책 간행을 담당한 임시 기구인 청廳을 통해 알 수 있다. 예를 들면 『경종수정실록』을 간행할 때 참여한 보자관·창준·수장제원 등을 균자장·인출장과 함께 '인역공장印役工匠'의 항목에 수록했다. 관원은 서책의 편찬과 간행을 감독한 당상과 낭청을 가리킨다. 서책 간행에 수고한 이들을 시상할 때 근거가 되는 명단인 서계書啓와 이에 대한 시상 내용을 알리는 국왕의 비망기備忘記에는 '당상이하관원堂上以下官員'과 '원역공장員役工匠'으로 엄격히 구분해 표현했다.

1626년 7월 20일 『승정원일기』에는 교서관 제조의 보고를 통해 당시 출판 장인의 실태를 알 수 있다.[6] 호패법을 시행하는 과정에서 호패청號牌廳은 각사에 소속된 제원諸員과 장인을 『경국대전』의 액수에서 시의에 맞게 줄이도록 아뢰었다. 그러나 제조는 당시 교서관 인원이 수장제원 19인, 장책제원 19인, 인출장 1명, 각자장 2명뿐으로 이미 『경국대전』에 규정된 원액에 한참 못 미치며 그 외에는 장인이 없다고 보고했다. 따라서 책을 인출할 때마다 사장私匠

을 모집해 급료를 주고 작업을 진행하는 형편으로, 이처럼 출판 체계가 제대로 운영되지 않아 늘 탈이 날까 염려하는 현실이었다. 교서관 제조는 군정軍政이 긴급한 시기이니 다른 장인들은 어렵더라도, 출판에서 가장 중요한 균자장이 한 명도 없으니 열 명을 정하여 중요한 서적 출판을 멈추지 않게 해달라고 요청했다. 인조는 이 건의를 수락하고 호패청에서 이를 처리하도록 명했다.

『경국대전』에 규정된 잡직의 원역과 장인의 인원은 시대의 변화를 반영하지 않은 채 『속대전』과 『대전회통』에도 그대로 수록되었다. 그러나 『대전회통』에 증보한 내용에 의하면 『경국대전』에 수록되었던 여러 관서가 혁파되거나, 관서의 여러 장인의 정원이 가감되어 일정한 액수額數가 없게 되었다. 특히 공조에 공장의 명단을 작성해 보관하던 법이 폐지되어 시행되지 않았다. 지방 관서에 소속된 외공장外工匠도 마찬가지 상황으로 공장의 명단을 해당 도에서 보관하는 규정이 없어졌다.

1792년 평안도 관찰사였던 홍양호는 지방관의 자세와 실무의 지침이 되는 『목민대방牧民大方』을 편찬했다. 그는 '혜공장惠工匠' 조항에서 "관에서 필요한 많은 것이 공장工匠에게서 나온다. 반드시 모집해 장적을 완성한 뒤 그 세를 감면해주어서 본업에 안정적으로 종사하게 하고, 공용이 아니면 절대로 사역시키지 않는다. 만약 부득이하게 사역할 때는 정해진 양료糧料 이외에 별도의 대가를 지불해 그 노동을 보상한다"라고 했다.[7] 이것은 관장제官匠制가 해체되어 사장私匠들을 공역에 동원했던 당시의 현실을 보여준다.

조선 전기의 관장제는 양란을 거친 후 와해되기 시작해 18세기 말에 이르면 사적인 생산에 종사하는 장인들을 차출하기 시작했다. 교서관과 상의원 등 일부 관서에 소속된 소수의 장인을 제외하면 대부분 사장이 되었다.[8] 『육전조례』(1867)의 「예전禮典」에는 규장각에 소속된 교서관의 직제와 인원이 나와 있다. 『육전조례』에서는 잡직에 속했던 창준을 별도로 분류하고 이서吏胥 안에 수장제원과 장책제원을 포함시켰다. 인원 변화를 살펴보면 수장제원과 장책제원은 44인과 20인에서 10인과 12인으로 줄었다. 또한 균자장 40명과 인출장 20명은 각기 7명과 6명으로 축소되었고, 각자장 14명과 주장 8명도 각기 10명과 1명으로 줄었다.

출판 기술직의 근무 여건과 처우

조선시대 서책 출판 기술직들은 어떤 근무 여건에서 작업했으며 어떤 처우를 받았을까. 서책 간행을 담당한 청廳은 작업에 필요한 인원과 물자를 동원하기 위해 관련 관서에 관문關文과 감결甘結을 발송해 일을 추진하게 된다. 의궤에는 청에서 발송한 관문을 수록한 '이문질移文秩'이 있는데, 여기에는 매달 동원한 인원에게 지급해야 하는 요미料米와 병포兵布에 대한 관문이 반복된다. 영조 연간에 원역員役과 공장들은 평균적으로 요미 3승升과, 가포價布로 무명木 1척尺 1촌寸을 받았다. 청은 한 달 단위로 지급하는 요포를 호조와 병조에 요청했는데, 이를 위해 기술직의 작업 일수와 업무를 통지했다. 청의 관문을 접수한 관서에서는 요청 사항에 대해 첩정牒呈

을 올려 사안을 처리했고, 이를 통해 장인들이 어떤 처우를 받았는지 파악할 수 있다.

청에 동원되는 장인들의 작업 공간을 살펴보면, 『현종실록』의 경우 활자를 만드는 소로장과 줄장의 작업 공간은 임시로 지은 가건물 두 칸이었다. 이 가건물은 추위에 대비해 진장목真長木을 세우고 호초둔篇草芚으로 둘러쳤다. 각자장刻字匠은 가건물 한 칸에 거처했다. 반면 당상들은 가건물이 아닌 방사房舍에서 근무했다. 당상들의 근무 공간에는 서책을 보관할 수 있는 다리 달린 현판懸板과, 관대冠帶를 거는 관대거리冠帶巨里가 있었다. 때로는 방사의 유둔油芚이 파손되고 온돌 연기가 틈을 따라 방에 가득해서 파유둔破油芚과 초배휴지初褙休紙로 수리하기도 했다. 장인의 근무 공간은 기술직으로서의 작업 공간이기 때문에 관원과는 구별되는 가건물이었다.

장인은 각색공장各色工匠 또는 각색장인各色匠人으로 통칭되며 어떠한 기술직이라도 동일한 임금지급표준이 적용되었다. 장인의 작업 단위는 장인과 조역助役이 한패牌로 구성된다. 보통 장인에게는 작업을 돕는 조역으로 육조역肉助役을 지급한다. 목수木手와 석수石手, 야장冶匠은 모조역募助役을 지급받는다. 모조역은 사안을 주관하는 임시 기구인 도감이나, 도감 아래 분업을 맡은 부서에 해당되는 각방各房에서 모집해 장인에게 지급하는 조역이다. 모조역의 임금은 모군의 임금과 동일하다. 육조역은 모조역보다 적은 임금을 받는다. 육조역에는 성인 조역인 장조역壯助役뿐 아니라 아동 조역인 아조역兒助役도 있다. 아조역이 있는 것으로 보아 육조역은 장인의 혈육이나 도제였다고 판단된다.[9]

『경종실록』 간행을 위해 설치된 실록청은 1731년 5월 29일 호조와 병조에 관문을 보내, 서원書員과 고직庫直을 비롯한 인원들의 작업 일수에 따른 요포料布를 지급하라고 요청했다. 이 관문에는 야장冶匠 1명에 육조역과 모조역이 각기 1명씩 구성되어 작업했다. 인거장引鋸匠은 2명이 1패가 되어 작업했다. 인거군引鋸軍은 장인으로 분류되기는 하지만 조역이 지급되지 않았고, 이들의 임금은 장인의 임금지급표준이 아니라 모군募軍의 임금지급표준과 동일했다. 모군은 모집된 인부라는 의미인데 이들이 하는 일은 미숙련노동자가 하는 일을 모두 포함한다.

『경종실록』 간행 작업에 참여한 원역과 공장은 표 11과 같다. 보통 실록 인출을 마치면 세초를 앞두고 실록청의 당상과 낭청의 근무 일수를 적어 보고하는데 이를 서계書啓라 한다. 서계에는 원역과 공장의 공로에 따라 시상하기 위해 「실록찬수인역시원역공장별단實錄纂修印役時員役工匠別單」이라는 항목으로 보고했다.

원역 이하 공장에게는 호조와 병조에서 요미와 병포를 지급하는데, 한 사람이 여러 작업을 담당했더라도 중복해 시상하지 않는 것이 원칙이었다. 분지창준分紙唱準과 교정창준校正唱準을 겸했던 송세익宋世益을 예로 들 수 있다. 또한 간행 작업에 참여했으나 서계할 때 이미 죽은 사람과 작업 일수가 10일 미만인 사람은 시상하지 않는 것이 전례였다.[10] 한번 특별한 기술직으로 차출된 공장은 의궤에 수록되기 때문에, 이후 동일 사안으로 설치한 청에서 다시 차출해 작업에 참여시킨다.

표 11 『경종실록』 간행에 참여한 출판 기술직

출판 기술직	인원	성명
보좌관補字官	2인	李寅輔, 洪億基
분지창준分紙唱準	2인	金世郁, 高宇柱
교정창준校正唱準	5인	宋世益, 韓福昌, 趙宗蕃, 白興祥, 曺孟振
상판제원上板諸員	5인	柳世輝, 金孝明, 崔泰龜, 李夏蔓, 朴弼達
수장제원守藏諸員	11인	朴徹漢, 崔晚禧, 李枝興, 朴福岭, 李慶昌, 李枝華, 李春瑞, 崔福獜, 李重贇, 柳東相, 沈希伯
장책제원粧冊諸員	2인	朴孝男, 朴贊新
균자장均字匠	14명	李興柱, 黃千世, 李厚錫, 朴吉萬, 李好尙, 朴泰俊, 李厚甲, 趙世興, 李貴先, 禹弼厚, 李之文, 李世萬, 李英發, 玄德龍
인출장印出匠	2명	趙甲辰, 趙光
각수장刻手匠	2명	劉大昌, 柳世興
소로장消爐匠	1명	尹尙珍
야장冶匠	1명	林善興
소목장小木匠	1명	禹鼎三
칠장漆匠	1명	鄭錫徹
줄장䥫匠	1명	金萬成
쇄약장鎖鑰匠	1명	權次三
납염장鑞染匠	1명	金可哉
천혈장穿穴匠	3명	李枝億
박배장朴排匠	1명	金萬才
다회장多繪匠	1명	柳海萬

보통 관서에는 관원 아래에 원역員役과 구종丘從이 있다. 원역은 관서에 소속되어 관서의 일상 업무를 수행하는 하급 종사자다. 원역은 서리書吏·고직庫直·사환使喚·사령使令과 같은 이서吏胥와 조예

皁隷를 통칭한다. 서리는 중인 신분의 행정 실무자들이다. 사령은 도예에 해당되는데 평민 혹은 천민 신분으로 관원이나 서리가 시키는 심부름 등을 수행했다. 구종은 고급 관리의 하급 비서로, 고급 관리에게 지급되는 대솔帶率과 노자奴子가 이에 해당된다. 구종의 임금은 고급 관리의 보수에 포함되어 나온다.[11]

원역을 장인과 다르게 대우한 사례를 살펴보자. 실록을 간행한 청에서는 실록청實錄廳과 도청都廳, 그리고 등록청謄錄廳의 원역에 해당되는 고직·사령·서리에게 점심미點心米를 지급했다. 근무 시간이 길어지는 3월과 8월까지는 서리에게 점심미로 1승升씩 지급했으나 해가 짧아지는 가을과 겨울에는 지급하지 않았다. 점심미는 월말에 다음 한 달분을 미리 호조와 병조에 요청하게 된다. 그러나 실록청에서 작업한 장인에게는 점심미를 지급하지 않았다.

『대전속록』에는 교서관 창준과 장책제원을 비롯해 승문원의 지련서원紙鍊書員, 때마다 근무하는 화원, 각처에서 작업하는 사람들에게 정직正職은 제수하더라도 음식을 제공하는 것은 잡직의 규례에 따른다는 규정이 있다.[12]

관서나 임시 기구인 청의 당상과 낭청은 품계를 지닌 정규 관원이다. 청은 사안을 수행하고 난 후 노고를 치하하기 위해 명단을 보고할 때 관원의 근무 일수를 맨 앞에 수록하고 다음으로 원역을 기술했다. 원역에서는 서리가 가장 앞에 있고 고직·사령의 순서이며, 그 외에 서원과 서사 등이 있다.

표 12 『경종실록』의 찬수청에 참여한 원역

원역	소속	성명
서리	춘추관春秋館	田禹澤
	도청都廳	金德潤 등 9인
	등록청謄錄廳	金壽童 등 7인
고직	도청	全起碩
	등록청	朴巨福
	별공작別工作	李萬得
사령	도청	張巨福 등 9명
	등록청	金春同 등 9명
	별공작	申泰順
서원	별공작	尹興柱
서사	별공작	申絨 등 2인

왕실 서책에서 원역에 대한 흥미로운 사례로 『선원계보기략』의 굽지를 들 수 있다. 『선원계보기략』을 인출한 후 세 면을 자르면 굽지가 발생하는데, 이를 창준을 비롯한 서리·사령·군사 등에게 나누어 주는 것이 전례였다. 공장은 관원과 원역 다음에 수록되었다. 공장에게는 실제로 작업한 일수에 따라 매달 지급하는 요미와 병포 외에 절일節日이나 연말에 노고를 격려하는 차원에서 별도의 주채酒債를 지급했다.

『현종실록』을 간행할 때 실록청은 총재관의 분부로 무더운 6월에 인출 작업을 하는 공장들의 노고를 위로하기 위해 주채酒債와 식물食物을 전례에 따라 지급했다. 주채의 지급은 이전 의궤를 참고해 결정하는데, 이때는 전례보다 감해 백미白米 2섬石과 보목步木

6필疋을 지급했다. 7월 14일에는 명일名日까지 겹쳐 장인들에게 백미 4섬과 보목 8필을 지급하기로 했다.

주채는 요포와 마찬가지로 호조와 병조의 담당 서리인 색리色吏가 찬수청의 도청都廳 앞에 가지고 와서 장인들에게 균등하게 지급했다. 실록청은 작업에 동원한 원역과 장인들에게 요미를 지급할 때 용량을 재기 위한 말과 되, 그리고 곡해斛解을 바치라고 군기사軍器司에 감결을 내렸다.[13] 명일에는 주채를 지급하는 것이 상례인데, 6월 15일은 유두流頭이고 7월 15일은 백종百種으로 연이은 명일이지만 주채는 한 번만 지급했다.[14]

『대전속록』에는 교서관에서 서책을 찍어낼 때 착오가 없으면, 인출을 감독한 감인관監印官은 국왕에게 보고해 상을 논의하고, 창준은 사안의 중요도에 따라 근무 일수를 가산해주는 별사別仕를 준다는 규정이 있다. 별사는 특별한 공이 있는 사람에게 이틀 이상의 근무 일수를 주는 것이다. 그러나 한 권마다 세 글자 이상 착오가 있으면 감인관에 대한 벌을 논하고, 창준을 비롯해 수장제원·균자장·인출장 모두의 근무 일수를 삭감한다고 규정했다.[15] 이 규정은 『속대전』에도 동일하게 수록되어 있다. 『대전후속록大典後續錄』(1513)에는 교서관의 창준·수장제원·장책제원을 비롯해 각색 장인에게 모두 복호를 준다고 규정했다.[16] 복호復戶는 국가에 공이 있는 사람에게 조세나 부역을 면제해주는 것이다.

책판을 새기는 각수

서책에 무엇을 담을지 결정한 다음에는 무엇으로 책을 찍어낼지 생각해야 한다. 전근대 시기에 인쇄 도구로 오랫동안 선호한 물질은 나무다. 판목을 소금물에 삶아 서늘한 바람에 말린 후, 매끄럽게 다듬어 서책의 정보를 새긴 것이 책판冊板이다. 책판이 아닌 인쇄 도구로는 활자가 있다. 나무에 글자를 새겨 오려내면 목활자이고 목활자를 어미자로 이용해 쇠를 부어 만들면 금속활자가 된다.

서책 간행 도구로서 책판은 한번 나무에 새기면 언제 어디서나 원하는 수량만큼 찍어낼 수 있다는 장점이 있다. 그러나 책판을 완성하려면 먼저 일정한 크기와 질의 판목과, 판각에 쓰일 글씨본을 확보해야 한다. 글씨본은 책본冊本이라고 하며 책본을 마련한 뒤에는 그것을 새길 솜씨 좋은 각수刻手를 구해야 한다. 책판의 제작은 활자에 비해 비용과 시간이 많이 소요되고, 어렵게 만든 책판을 관리하고 보존하는 것도 쉽지 않다.

그러나 여러 단점에도 불구하고 책판은 조선시대에 정보를 대량 생산하는 도구로서 가장 많이 사용되었다. 책판을 후대에 전해주면 원하는 때 재생산이 가능하므로, 그것이 서책을 영구히 보존하는 방법이라 인식했기 때문이다.

『탁지정례』는 1750년 무신자戊申字로 간행한 책으로 왕실의 공상供上과 중앙 관서의 경비 지출을 정비한 호조의 정례定例다. 이 책은 영조 연간에 중앙의 재정 부족과 불필요한 경비의 증가를 타개하기 위해 각종 식례式例를 정비했던 배경에서 간행되었다. 이 책에 수록된 교서관의 세부 항목과 장인에게 지급된 도구 및 재료는 책을 만든 장인들의 작업 공정을 알 수 있는 중요한 근거다.

조선시대에는 활자를 주자鑄字라고 불렀고, 활자로 인출하는 판을 주자판鑄字板이라고 했다. 목판에 새긴 것을 인출하는 판은 목책판木冊板이라고 한다. 활자와 책판으로 인출할 때 필요한 장인과 인원은 『탁지정례』에 의하면 표 13과 같다. 출판 작업에 동원되는 인원은 서책을 찍어내는 분량과 시기에 따라 다르다. 특히 차지창준·교정창준·분류창준의 인원은 인출 작업의 규모에 따라 산정하지만 이 인원을 넘지 않는다고 규정했다.[17]

표 13 서책 간행 참여 장인

직임	주자판 인원	목책판 인원
차지창준次知唱準	2인	2인
교정창준校正唱準	4인	2인
분류창준分類唱準	2인	2인
보자관補字官	1인	1인
책색서리冊色書吏	1인	1인
상판제원上板諸員	2인	
수장제원守欌諸員	7인	
균자장均字匠	5명	
인출장印出匠	5명	3명
견장사령見張使令	1명	
소목장小木匠	1명	1명
각수刻手	2명	작업량에 따름
책장冊匠	명수에 따름	

소로장燒爐匠	1명	
줄장𨫂匠	1명	
사환꾼使喚軍		1명
조각장彫刻匠		매명每名
교정각수校正刻手		매명
마판꾼磨板軍		1명

조선시대 왕실 서책의 책판으로 주로 사용된 나무는 자작판自作板이다. 자작판은 판각에 들어가기 전 솥에 삶아내는 숙정熟正 과정과 매끄럽게 다듬는 연판鍊板 과정을 거친다. 자작판을 소금물에 삶아 서늘한 바람에 말리면 판이 뒤틀리지 않고 조각하기가 쉽다. 이 작업에 들어가는 재료는 다음과 같다. 문헌 기록에서 책판을 세는 단위는 보통 입立으로 표기한다. 보통 자작판 10립씩 큰 솥에 넣고 쪄낼 때 소금 1승과 땔감으로 소목 반 단이 들어간다. 숙정을 마친 자작판을 중려석과 속새木賊를 가지고 마판꾼이 다듬는다.

표 14 자작판 숙정 작업 물품

도구·재료	수량	공급처	비고
소목燒木	매 10립立 반단半丹	사재감	
염염鹽鹽	매 10립 1승升	사재감	
대부大釜	1좌坐	공조	전배용환
중려석中礪石	1괴塊	군기시	용환

연판 과정을 마친 자작판에 글자를 새기는 사람이 각수인데, 각자장刻字匠 또는 각수장刻手匠이라고 부른다. 목판은 앞뒤를 판각하는 것을 정식定式으로 하며 앞뒤에 판각한 것을 한 판으로 친다. 각수는 해가 긴 계절인 3월에서 8월까지는 6일마다 위부인자衛夫人字와 당자판唐字板을 한 판씩 판각한다.[18] 해가 짧은 9월에서 2월까지는 8일마다 위부인자와 당자판 한 판씩 판각한다.

위부인자는 1434년 주조한 갑인자甲寅字의 자양字樣을 지칭하는 활자다. 갑인자는 명나라 초기 책인『효순사실』과『위선음즐』의 자양을 어미자로 주조한 것이다. 이 자양은 진晉나라 위衛부인의 글자 모양과 비슷해 위부인자라고 부른다. 당자唐字는 숙종 초반 교서관에서 명조체明朝體로 만든 철활자로, 이것으로 찍은 책을 당자본唐字本이라 한다. 이 철활자는 운각인서체자芸閣印書體字라고도 부른다. 책본의 자양에 상관없이 판각하는 데 걸리는 시간은 크게 다르지 않다.

판각 작업에 동원되는 각수 인원은 작업량의 대소에 따라 결정되었다. 각수가 작업할 때 사용하는 대상포臺床布는 명수에 따라 한 명마다 4승포升布 1척을 호조에서 지급했다. 각수가 판각할 때 주로 사용하는 5촌정寸丁과 2촌정, 각도刻刀는 전에 쓰던 것과 새것을 반씩 섞어 사용하며 이 도구는 사용 후 반납한다. 의궤에는 이런 물품을 '용환用還'으로 표기했고, 해당 물품을 공급한 관서에 돌려주는 것을 원칙으로 장인에게 제공한다. 5촌정과 2촌정은 각수 인원에 따라 한 명마다 두 개씩 지급하며, 각도는 급료給料를 받는 장인의 숫자대로 지급한다.

표 15 각수의 작업 도구와 재료

도구·재료	수량	공급처	비고
대상포臺床布	매명每名 4승포升布 1척尺	호조	용환用還
교말膠末	매 1권卷 2홉合	예빈시	
연탄煉炭	매일 1승		
오촌정伍寸丁	매명 2개		신구참반용환 新舊參半用還
이촌정貳寸丁	매명 2개		
각도刻刀	수료장인受料匠人 명수名數		
조자도造字刀	1개	선공감	용환
소거小鉅	1개		
가저모家猪毛	3량兩	호조	1차 차하上下
연려석軟礪石	1괴塊	군기시	2년 도하都下
강려석强礪石	1괴		
대상臺床	2좌坐	선공감	10년 도하
등자쇠鐙子金	2개	선공감	3년 도하

    왕실 서책 간행을 담당한 청이나 중앙 관서에서 간행한 책에서는 각수의 자취를 찾기 어렵다. 그러나 지방의 감영이나 서원 등에서 간행한 책에는 책판 중앙에 위치한 판심版心에 새겨진 각수의 자취가 종종 발견된다. 『경서변의經書辨疑』의 '學'과 같은 한 글자나 형상화된 기호, 혹은 달이나 나비와 같은 도형에서 각수의 존재를 알 수 있다. 불서佛書의 간행이 활발했던 사찰에서는 간기刊記에 서책 간행에 참여한 사람들을 수록했는데, 여기에는 각수의 완전한 법명法名이나 성명을 기록했다.[19]

    1782년 간행한 『국조보감』은 68권 22책의 책판을 제작하는 데

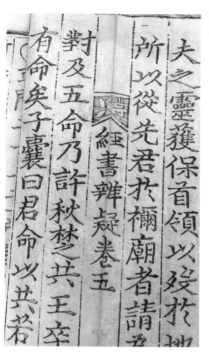

144명의 각수가 참여했다. 감인청이 정조에게 올린 「감인청원역공
장등별단監印廳員役工匠等別單」에는 각수 이수행李壽行 등 21명을 일등,
외방각수 주세찬朱世贊 등 120명을 이등으로 보고했다. 『국조보감
감인청의궤』의 「공장질工匠秩」에는 교서관 10명, 사수私手 14명, 지방
120명의 이름을 수록해 총 144명의 각수가 참여했고, 이 중 시상
명단에는 경각수京刻手 3명이 제외된 것을 알 수 있다. 『국조보감』
간행에 참여한 장인들은 매일 쌀 3승과 2전錢의 요포를 받았다.

지방에서 참여한 승각수僧刻手 72명 가운데 경상도 봉정사와 전
라도 송광사 등 사찰에서 활동한 기록이 확인되는 인물은 13명이

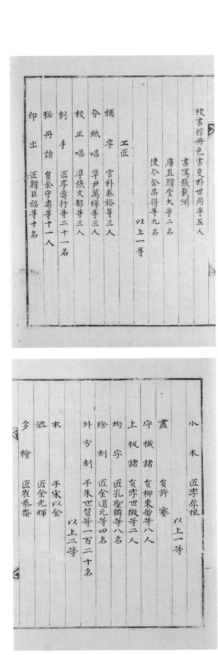

「감인청원역공장등별단」, 규장각한국학연구원.

다.[20] 조선시대에 승려들이 도성에 출입하는 것을 금지한 「성중승인금제城中僧人禁制」 조항에 따라, 승각수들은 교서관에 설치한 감인청으로 들어오지 못하고 창의문 밖에 위치한 총융청摠戎廳에서 작업했다. 외방 각수가 고향으로 돌아갈 때 소요되는 일자를 6일·4일·2일로 나누어 요포의 일급으로 지급하고 술과 음식으로 노고를 위로했다.

각수는 책판 이외에도 인찰판을 제작하는 작업을 담당한다. 인찰판은 자작판에 인찰선을 그어 찍어내면 정간井間이 있는 책지가 된다. 이 책지는 주로 초초初草나 재초再草를 쓰는 종이로 사용된다. 도화서圖畵署에 소속된 인찰을 그리는 인찰화원印札畵員이 자작판에 인찰을 그린다. 각수는 이 인찰선을 새기고 나머지 여백은 제각장蹄刻匠이 파낸다.[21]

도설圖說을 새겼던 책판을 다시 고쳐 판각할 때는 도판圖板을 보관하고 있는 관서에서 마련해 지급한다. 조각장彫刻匠은 3월에서 8월까지는 매일 한 판씩, 9월부터 2월까지는 사흘에 두 판씩 조각한다. 교정각수는 한 사람이 매일 열다섯 판씩 교정한다. 이 작업 수량에 따라 필요한 인원을 마련한다. 소목장과 마판군은 각기 1명만을 동원해 작업량에 따라 작업 일수를 산정한다.

금속활자를 주조하려면 먼저 나무에 글자를 새겨 활자의 본을 만들어야 한다. 이 글자본을 '각자출본刻字出本'이라고 하는데 주로 황양목黃楊木을 사용한다. 황양목은 보통 외방에 공급량을 나누어 바치게 했다. 『선조수정실록』을 인출할 때는 외방에 주는 폐를 염려해 교서관에 있는 자작판自作板으로 목활자를 만들었다.[22]

이 목활자를 만드는 것도 각자장이 담당한다. 목활자를 새길 때 글자를 붙이는데 필요한 교말膠末은 매일 2홉合씩이다. 목활자를 만들기 위해 황양목을 인거引鋸하고 정련正鍊하는 작업은 소목장이 담당한다. 소목장은 균자판 바깥 테두리인 위리圍裏를 제작하는데 모조역募助役을 데리고 작업을 진행한다.[23] 소목장은 사어피沙魚皮와 목적木賊을 가지고 위리를 매끄럽게 다듬는다. 균자판의 위리를 제작할 때는 균자장도 함께 작업한다.

표 16 소목장의 작업 도구와 재료

도구·재료	수량	공급처	비고
어교魚膠	매백판每百板 1장張	군기시	보공補空
연려석軟礪石	1괴塊	군기시	용환
목적木賊	매십판每拾板 2전錢	선공감	
탄炭	매일 5홉合	선공감	
도관陶罐	1좌坐	군기시	전배용환前排用還

활자를 만드는 소로장과 관리하는 수장제원

책판이 아닌 활자로 서책을 찍어낼 때 가장 필요한 장인은 소로장燒爐匠과 수장제원이다. 소로장은 활자를 주조하는 장인을 지칭하는데 음가音價가 동일한 '小爐匠'으로 표기하기도 한다. 활자를 만든다는 의미로 조자장造字匠이나 주자장鑄字匠이라고도 부르며 보통 주장鑄匠이라고 한다.

금속활자를 주조하는 방법을 살펴보면 먼저, 각수가 황양목에 글자를 새기고 갯벌의 고운 모래를 거푸집에 판판하게 고른 뒤 어미자를 글자 면을 위쪽으로 하여 줄을 맞춰 눌러 심는다. 어미자를 다 심으면 쇳물이 흘러 들어갈 수 있는 홈 길을 내기 위해 가지쇠를 박는다. 다른 거푸집을 덮고 다져서 그쪽에 옴폭 들어간 바른 글자체 자국을 낸 다음, 어미자와 가지쇠를 빼낸다. 거푸집의 상하를 합하고 하나의 구멍으로 녹인 쇳물을 부어 옴폭 파인 자국으로 흘러 들어가게 한다. 쇳물이 식어서 굳으면 거푸집을 분리해 가지쇠에 매달린 활자를 떼어내 하나씩 다듬어 완성한다.

1677년에는 『현종실록』을 간행하기 위해 낙동계洛東契 활자 3만 5830자를 사들이고 부족한 활자 4만825자를 실록청實錄廳에서 주조했다. 이 활자가 현종실록자顯宗實錄字이고, 『현종실록찬수청의궤』에는 활자를 주조할 때 참여한 장인과 작업 과정에 대한 중요한 정보가 수록되어 있다. 소로장은 조역助役을 데리고 작업한다.[24] 활자를 주조할 때 유철鍮鐵 100근에 주철鑄鐵 100근을 각기 반씩 섞어 쓴다. 주철 1근에는 유납鍮鑞을 2량兩씩 섞어 쓴다.[25] 금속활자를 주조하려면 유철 100근에 주철 100근, 유납 12.5근이 들어가고 이들의 비율은 8:8:1이다. 실록청에서는 호조와 병조에 이 물자들을 마련해 빨리 수송하라고 관문을 보냈다.

실록청은 금속활자를 주조하기 위한 도관陶罐을 만들기 위해 경기도 청회靑淮에서 생산되는 백토白土 2태太와 포토浦土 2태를 굴취掘取해 올려보내도록 경기감사에게 관문을 보냈다.[26] 활자를 만들 때 사용하는 송명松明 5태도 산지의 관에서 나누어 부담해 상납할 수 있도록 했다. 이듬해에는 소로장이 쓸 통진通津에서 나는 백토 2태를 관문이 도착하는 즉시 밤낮없이 올려보내 작업이 중단되는 폐가 없게 하라고 경기감영에 요청했다.[27]

소로장이 활자를 만드는 작업에 필요한 도구와 재료는 표 17과 같다. 소로장이 활자를 제작하고 나면 가지쇠에 붙어 있는 활자를 하나하나 떼어내 다듬는 작업은 줄장乻匠이 담당했다. 이렇게 만들어진 활자로 책을 찍어낼 때 소로장과 줄장은 7~8판의 철위리鐵圍里를 만드는 작업도 담당한다.

표 17 소로장의 작업 도구와 재료

도구·재료		수량	공급처	비고
도관陶罐 1좌坐 (주철鑄鐵 매 5근斤)	백휴지	3량	사섬시	
	백토白土	2승升		
	니토泥土	1승		
	염염鹽	1승	사재감	
	탄炭	2승		
합마미사合馬尾篩 1부部	죽사竹篩	1부		용환用還
	생마生麻	4량	선공감	
	숙마熟麻	4량	선공감	
	가저모家豬毛	2전錢	호조	
주자시鑄字時 주철鑄鐵 매근每斤	화유철和鍮鐵	2량	호조	
	탄炭	8승	선공감	
	송명松明	8량	장인匠人	
	목본차木本次 황양목黃楊木	매주철每鑄鐵 10근 3조條	교서관	

재주정리자 제작 소로장과 각수,
국립중앙박물관

1795년 목활자인 생생자生生字를 자본字本으로 주조한 금속활자인 정리자整理字가 1857년 10월 화재로 소실되었다. 이듬해인 1858년 균역청에 주자소를 설치해 대자와 소자의 정리자를 다시 주조한 것이 재주정리자再鑄整理字다. 국립중앙박물관에 현전하는 정리자의 활자장에는 이 작업에 참여한 소로장과 각수의 성명을 '戊午 整理大小 改鑄字時 小爐匠 趙奉 崔興昌, 刻手 李東郁 高允鎭 宋興○ 金殷錫 申台榮 李萬祚 金斗赫 李膺鎭 文學周'로 기록했다.

소로장은 활자를 만들기 위해 먼저 서책 간행에 쓸 활자의 현황을 파악한다. 이 작업은 활자를 분류해 장樻에 넣어 두고 간수하는 수장제원守樻諸員이 맡았다. 『경국대전주해經國大典註解』에는 교서관의 수장제원을 "구리로 활자를 만들어 서적을 찍을 때 활자를 보관한 장을 지키는 사람이 수장이다"라고 풀이했다.[28] 성현의 『용재총화慵齋叢話』에는 나이가 적은 공노公奴가 이것을 담당하는데 창준唱準과 마찬가지로 글을 아는 사람이 작업한다고 했다.[29]

수장제원은 활자 전체를 분류하고 해당 활자의 숫자를 세어 현황을 1부 작성해 보고했다. 이 작업을 '초기抄記'라고 하며,[30] 활자

를 늘어놓고 작업할 수 있는 3층으로 된 긴 상 11부部가 쓰였다. 수
장제원 10인이 초자抄字 작업을 할 때 백지白紙 4권과, 백교필白膠筆
5병柄, 진묵眞墨 2정丁, 자연紫硯 2면面을 사용했다.[31] 『숙종실록』의
경우 나라의 물자가 고갈된 상황이니 초기에 쓸 종이를 백지로 하
지 말고 품질을 낮추어 백휴지白休紙로 대신하라고 했다.

　수장제원은 이외에도 도동해陶東海와 사발沙鉢 같은 그릇을 사용
했다. 수장제원은 10인인데 붓은 5병만 사용한 것은 2인 1조로 초
자 작업을 한 것으로 보인다. 수장제원이 장상長床에 모든 활자를
꺼내 일일이 조사한 후, 현전하는 수량이 많이 부족할 경우 필요한
활자를 새로 주조하는 작업이 커질 수밖에 없다. 이때는 보자관補字
官 1인과 수장제원 2인, 그리고 소목장이 제작한 위리圍裡를 균자판
에 배치할 균자장 2명을 먼저 부역하게 했다.

　1676년 『현종실록』을 인출할 때 주자鑄字를 넣어 보관하는 장欌
은 7개인데, 그중 2개의 장이 부서져 수리하고, 활자 장에는 배목排
目을 갖춘 자물쇠를 장치했다.[32] 실록 찬수청에서 주자鑄字를 넣어
보관하는 장欌 2부는 수리하고, 서랍舌閣 90부와 소란小蘭 160개,
균자판均字板 23립立을 제작하는 데 들어가는 바기朴只 1촌정寸釘
1670개를 목수 2명이 조역을 데리고 작업했다.[33]

　실록에 사용된 활자를 보관한 장을 의궤에서는 '실록주자장實錄
鑄字欌'이라 지칭했는데, 이 장을 본래 있던 장소로 옮길 때는 병조
의 위장소 군인 8명이 실록청으로 와서 옮겨갔다.[34] 서랍 안을 정
간井間으로 구획해 활자를 넣게 하는 나무 조각이 소란인데, 정간井
間 없이 높이가 낮은 서랍은 사판沙板이라고 한다.[35] 그중 소조리목

실록주자장, 국립중앙박물관.

정리자장 서랍, 국립중앙박물관.

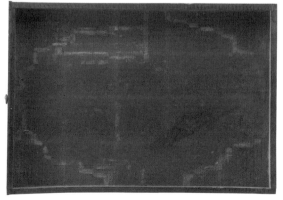

정리자장 사판,
국립중앙박물관.

小條理木을 1촌정으로 고정시켜 구획을 만들어 수장제원이 활자를 담기도 했다.

국립중앙박물관에는 갑인자·실록자·정리자를 보관했던 17~19세기에 제작한 주자장이 현전한다. 이 장들은 세로 3칸과 가로 12~14칸의 구조로 나무의 재질과 짜임이 매우 견고하다. 특히 아래 2~3칸은 서랍의 높이가 높아 정간으로 구분하고 나머지 서랍은 사판으로 짠 구조가 동일하다.

활자를 분류하고 관리한 수장제원의 업무 중 가장 중요한 작업은 서초書草 위에 활자를 배열하는 것이다. 서초는 실록의 중초中草를 분판粉板에 정서正書한 최종 원고를 말한다.[36] 이 작업에서 수장제원은 창준이 서초를 보고 불러주는 내용을 듣고 서랍에서 해당 활자를 뽑아내 서초 위에 놓게 된다. 수장제원은 대젓가락을 사용해 활자를 집었다.[37] 서초 위에 활자를 배열하는 작업을 마치면 그대로 균자판均字板으로 활자를 옮겨놓는다. 이 작업을 균자판에 활자를 올려둔다는 의미로 '상판上板'이라고 하며 상판제원上板諸員이 담당한다.

교서관의 직제에는 수장제원과 구분해 별도의 상판제원을 두지 않았다. 교정창준이 시험 삼아 인출한 실록 책지를 붉은 글씨로 교정할 때, 상판제원도 교정창준과 마찬가지로 주필朱筆로 초기 작업을 진행했다.[38] 의궤의 「공장질」에는 창준 다음에 상판제원을 먼저 적고 이어 수장제원을 수록한 것으로 볼 때, 수장제원의 업무에 숙달하게 되면 상판제원을 맡는 것으로 추정된다. 『국조보감감인청의궤』에는 수장제원을 먼저 적고 다음으로 상판제원을 수록했다.

수장제원이 작업할 때 필요한 물품은 백필·반주홍·사발로, 사발에 반주홍을 풀어 주필朱筆로 작업한다. 이 물품은 활자를 배열한후 두 번의 시험 인출 과정에서 지급된다. 이것으로 시험 삼아 찍어낸 초견 인출지와 재견 인출지에서 발견된 오자를 주필로 표시하는 교정 작업이 진행된다. 이렇게 발견된 오자를 균자판에서 빼내고 바른 활자로 교체하는 것이다. 수장제원이 사용하는 물품은 창준이 초견 인출지와 재견 인출지를 교정하는 작업에서 쓰는 것과같다.

표 18 수장제원의 작업 도구와 재료

도구·재료		수량	공급처	비고
주필朱筆	백필白筆	매 20권 1병柄	공조	초견初見·재견再見 차하上下
	반주홍磻朱紅	매 2권 2전錢	제용감	
주기朱器	사발沙鉢	1개	내섬시	1차 차하

균자판을 짜는 균자장

상판제원이 서초 위에 배열한 활자를 균자판均字板으로 옮겨놓으면 균자장均字匠의 작업이 시작된다. 균자장은 대나무 조각과 파지破紙를 사용해 균자판의 빈 곳을 메워 활자가 흔들리지 않도록 고정한다. 활자로 인출할 때 이 공정이 가장 어렵기에 균자장의 공로는 다른 장인보다 더 인정받은 사례가 있다.[39]

실록을 활자로 찍어낼 때 사용한 도구들은 『실록찬수청의궤』의

「인역제구印役諸具」에 기록되어 있다. 「인역제구」에는 조판규칙type setting rule과 같은 개념인 '책제冊制'가 가장 먼저 기술되어 있는데 책지 한 장이 몇 줄이고 한 줄이 몇 개의 활자로 구성되었는지, 인찰선의 길이와 너비는 얼마인지를 보여준다. 활자로 찍은 서책의 형태는 균자장의 기술로 완성된 것이다.

『현종실록』의 책제를 살펴보면 책지 한 장은 30행이고, 한 행은 30자로 구성되었으며 세로의 길이는 1척 1촌, 가로 너비는 7촌이었다. 이것은 포백척布帛尺을 사용해 측정한 수치다. 포백척으로 1척을 약 46.66센티미터로 계산하면 책의 크기는 세로 51.32센티미터, 가로 32.62센티미터다. 『현종실록』의 책제는 『인조실록』과 같고, 『경종실록』 『영조실록』은 길이 1척과 너비 6촌으로 4.6센티미터 작다.

『현종실록』을 인출할 때 서초를 적은 대분판大分板은 40립立이 있었으며 균자판은 23립을 사용했다. 균자판의 상하좌우에 있는 위리圍裡 안쪽을 재면 길이는 1척 7촌 5분이며 너비는 1척 3촌 5분이었다. 균자판은 책지를 펼친 상태이므로 반으로 접은 형태의 크기는 세로 40.82센티미터, 가로 31.49센티미터다.

『현종실록』의 균자판에 들어가는 물품 내역은 표 19와 같다. 균자판의 위리를 동인찰銅印札로 할 때는 동철장銅鐵匠이 동인찰을 두드려 만들고 시장匙匠이 동인찰을 다듬어 마무리한다. 위리는 활자를 배열하는 균자판의 둘레를 지칭하는데 순우리말인 '우리'를 한자를 빌려 '亐里'라고 표기한다. 우리는 보통 그릇이나 물건 따위의 테두리에 둘러매거나 끼우는 테를 가리킨다.[40] 『현종실록』은 균자판의 우리를 자작판에 소두정을 박아 소목장이 제작했고 『영종실록』은 철우리鐵亏里로 제작했다. 『탁지정례』에는 철우리와 동인찰이 훼손되면 호조에서 철을 첨가해 수리해서 보충한다고 되어 있다.

표 19 『현종실록』 균자판 소용 물품

물품	수량
균자판	23립立
위리차圍裡次 자작판自作板	5립 반半
우리바기亏里朴只 소두정小頭釘	매 1판板 16개
동인찰銅印札	매 1판 34개
진공塡空 휴지休紙	4량兩
초견初見·재견再見 휴지	2장

상판제원이 활자를 균자판에 배열하기 전에 균자장은 균자판의 우리를 세우는 작업부터 시작한다. 우리를 소두정小頭釘으로 고정시키고 판심에 들어가는 어미魚尾와 권의 순서인 권차卷次, 책지의 순서인 장차張次의 활자를 배열한다. 다음으로 균자판의 빈 공간을 백휴지와 대나무 조각으로 채워 넣어 활자의 높이와 간격을 맞춘다. 두 차례의 시험 인출을 통해 오자를 발견하면 균자판을 다시 수정한다. 균자장이 사용하는 작업 도구와 재료는 표 20과 같다.

표 20 균자장의 작업 도구와 재료

도구·재료	수량	공급처	비고
전공塡空 백휴지白休紙	매판板 8전錢	사섬시	
균자도均字刀	수료장인명수受料匠人名數	선공감	신구참반용환新舊參半用還
송판松板	매판 1척尺 6촌寸	선공감	
줄䤻	1	선공감	용환用還
집개執鉅	1	선공감	용환
전공 중죽中竹	매우리每亐里 1절節	선공감	
대상臺床	3좌坐	선공감	10년 도하

균자도는 급료를 받는 장인의 명수에 따라 지급하는데 전에 쓰던 것과 새것을 섞어 사용하고 작업을 마무리하면 반납한다. 균자장이 활자를 심는 균자판은 송판이다. 보통 송판은 1척 6촌인데 만약 균자판이 넓으면 판을 덧대어 송판을 사용한다. 칼처럼 날이 있는 도구를 사용하는 장인에게는 숫돌인 강려석을 지급한다.

균자판의 빈 공간을 메우는 종이는 보통『탁지정례』에서 규정한 백휴지이고,『현종실록』을 인출할 때는 휴지를 사용했다.『숙종실록』의 경우는 국가 재정이 어려워 평소에 사용하던 백휴지 대신 재상휴지로 바꿨다.『경종실록』은 균자판의 빈 공간을 메울 때 중죽中竹이 아닌 대죽大竹을 사용했고, 공간을 메우는 종이는 백휴지와 재상휴지를 각기 20근斤씩 사용했다.『순조실록』을 찍을 때 균자판은 소죽小竹 1개를 사용했다.

서초와 책지를 담당하는 창준

『용재총화』에서 창준唱準은 서초의 내용을 불러주는 사람으로, 문자를 아는 사람이 할 수 있다고 했다. 그러나 의궤에 나타난 창준의 역할은 서초 내용을 불러주는 것으로 그치지 않는다. 의궤에는 창준 앞에 두 글자의 명칭을 붙여 차지창준次知唱準·교정창준校正唱準·분류창준分類類準·할부창준割付唱準으로 구분되어 있다. 이것은 창준의 작업 공정에 따라 달리 붙인 명칭이다.

차지창준은 창준의 작업으로 알려진 서초의 한자를 읽는 작업을 했을 것이다. 교정창준은 초견 인출지와 재견 인출지를 가지고 서초와 대조해 오자를 찾아내는 교정 작업을 했다. 『순조실록』을 간행할 때 교정청은 할부창준이 쓸 황필과 진묵眞墨을 공급하라고 공조에 감결을 내렸다.[41] 교정청은 찬수청纂修廳에서 완성한 초초初草를 교정하고 후백지에 중초中草를 작성하는 업무를 담당했다. 이 과정에서 할부창준은 초초를 오려 붙이는 '할부割付' 작업을 한 것으로 보인다.

분류창준은 분지分紙창준으로 혼용되기도 하는데 최종으로 찍어낸 정본正本 책지를 분류하는 작업을 담당했다. 보통 여러 부수를 찍어내는 책에서 100장 내외의 책지를 한 책으로 묶으려면 본문 순서의 장차張次에 따라 분류해야 한다. 책지 분류 작업을 마쳐야 다음 공정인 장책으로 넘어가 책장冊匠이 장황할 수 있다.

창준이 책지 분류 작업을 지체해 처벌이 내려진 사례가 있다. 1783년 10월 교서관에서 윤음綸音의 인출을 완료해 20건을 먼저 진상했는데, 창준들이 나머지 580건의 책지 분류 작업을 하지 않은 채 임의로 귀가해 장황이 지체되었다.[42] 서호수는 제대로 검칙하지 못한 교서관 관원에게 의금부에서 책임을 묻게 하고, 창준도 무겁게 처벌해 향후 이런 일이 일어나지 않도록 징계하기를 요청했다. 정조는 교서관 관원은 아뢴 대로 처리하고 창준은 교서관에서 죄를 다스리도록 명했다.

이외에 『선원계보기략』 반사건을 수정하는 세보洗補 창준이 있다. 『선원계보기략』은 1679년 처음으로 간행된 후 왕실 의례의 거행으로 다양한 수정 사항이 발생했다. 교정청은 이전에 반사한 『선원계보기략』을 거둬들여 수정할 부분을 오려내고 고친 내용을 붙여서 돌려주었다. 이와 같은 수정 방법을 '세보'라고 하며 이 작업을 세보 창준이 담당했다.[43]

표 21 창준의 작업 도구와 재료

용도	물품	수량	공급처	비고
출초出草	백필白筆	매 2권 1병柄	공조	본건本件 차하上下
	진묵眞墨	1정丁	공조	본건 차하
보자補字	백필	매 10권 1병	공조	본건 차하
	진묵	매 10권 1정	공조	본건 차하
	황양목黃楊木	매 100장 반조半條	교서관	본건 차하
교정校正	백필	매 20권 1병	공조	초견·재견 차하
	반주홍磻朱紅	매 2권 2전錢	제용감	초견·재견 차하
	주기朱器 사발	1개	예빈시	1차 차하
	등상登床	1좌坐	선공감	10년 도하都下

규장각에서 오랜 세월 창준으로 활동한 장혼張混(1759~1828)을 통해 창준의 세부 작업을 알 수 있다. 장혼은 오재순吳載純(1727~1792)의 추천으로 창준이 되어 교정 실력을 인정받았다. 장혼이 창준으로 활동한 내용을 『내각일력』과 『일성록』의 기사에서 제시하면 표 22와 같다.

　　장혼이 창준·분류창준·할부창준·교정창준으로 참여한 것은 문자를 해독할 능력이 있었기 때문이다. 문자를 아는 창준은 서초를 부르거나 책지를 분류하고, 서책의 내용을 오려 편집하거나 오자를 교정할 수 있다. 따라서 창준은 서책의 간행 공정에 따라 다양한 명칭으로 불리지만 작업의 공통점은 문자 해독력에 달려 있다.

　　창준으로 참여한 장혼이 받은 가장 큰 시상은 1800년부터 1801년까지 정조 어제의 중초를 할부했던 작업으로 받은 목면 3필, 포 1필, 미 5두였다. 이때 1801년에만 참여한 창준 전효성全孝成 등은 목면 2필, 미 3두를 받았다. 책장 서필량徐弼良 등은 목면 2필, 포 1필, 미 3두를 받았고, 인출장 한인득韓仁得 등은 목면 1필, 포 1필, 미 2두를 받았으며, 각수 박형번朴亨蕃은 목면 1필, 미 3두를 받았다. 시상은 창준·책장·인출장·각수의 등급과 작업에 참여한 일수를 기준으로 구분했다.

표 22 장혼의 창준 활동과 시상

시상일	창준 명칭	작업 내용	시상
1794.12.29	창준	어정주서백선御定朱書百選 인역印役	목면 2필
1796.12.25	창준	어정사기영선御定史記英選	목면 2필

1797.12.20	창준	춘추좌씨전春秋左氏傳	목면 2필, 포 1필
1798.9.2	분류창준	어정오경백편御定五經百篇 인역	목면 1필, 모자 1립
1799.10.1	창준	아송雅誦 인역	목면 2필
1799.11.17	분류창준	춘추좌씨전 인출	목면 1필, 미 3두
1799.12.22	창준	어제御製 선사본繕寫本	목면 1필, 포 1필
1801.12.12	할부창준	선조先朝 어제 중초中草 할부	목면 3필, 포 1필, 미 5두
1803.5.21	할부창준	경모궁景慕宮 예제睿製 할부	목면 1필
1803.12.28	할부창준	어제 할부	목면 1필
1805.10.12	교정창준	어정대학유의御定大學類義 인역	사부수권四部手圈 예로시상
1805.11.30	교정창준	정종대왕지장통기正宗大王誌狀通記 인역	고례考例 시상
1806.9.28	할부창준	어제 초본草本 할부	목면 1필
1814.3.23	교정창준	정종대왕어제 봉인奉印	목면 2필, 미 3두
1822.3.17	교정창준	삼경사서대전언해·경서정문 각본刻本 교정	목면 1필, 포 1필

1799년 정리자整理字로 『태학은배시집太學恩杯詩集』을 간행할 때 장혼은 창준으로 참여했다. 4월 14일 『태학은배시집』을 감인監印한 각신 이만수李晩秀는 누락한 글자와 오자가 있음을 보고하고 법전의 율문에 따라 처벌받기를 요청했다. 『태학은배시집』은 1798년 정조가 성균관에 친림해 '아유가빈我有嘉賓' 4자를 새긴 은잔을 하사하고 「어제태학은배시御製太學恩杯詩」를 내린 것에 성균관 유생들이 감사하는 「태학생전문太學生箋文」 등을 수록한 책이다. 정조는 감인각신인 이만수에게 월봉越俸 1등을 명하고, 감인한 초계문신 김근순金近淳은 의금부에서 『대전후속록』(1513)의 율명律名을 적용해 처

리하라고 명했다.

『대전후속록』의 규정을 보면, 서책을 인출할 때 감인관과 감교관
監校官을 비롯해 창준·수장제원·균자장은 1권마다 1자의 착오가
있으면 볼기를 치는 태笞 30대에 처하고, 1자마다 처벌도 한 등급
씩 부가된다. 인출장은 1권마다 1자가 진하거나 희미하면 태 30대
에 처하고 1자마다 처벌도 한 등급씩 더하며, 글자 수를 모두 계산
해 죄를 다스린다. 관원은 5자 이상이면 파면하고, 창준 이하의 장
인은 죄를 논의한 후 근무 일수 50일을 삭감하며 모두 사면령이 내
리더라도 적용하지 않는다. 단, 서책 원본의 글자가 오자誤字인 것
은 이 제한을 두지 않는다는 규정이 있다.[44]

의금부는『대전통편』장권조獎勸條의 '서책을 간인한 후 1권마다
3자 이상 착오가 있으면 감인관을 논벌한다'는 조문과,『대명률大明
律』제서유위조制書有違條의 '제서를 받들어 시행할 때 위배되는 것
이 있으면 장杖 100대에 처한다'는 조문과,『대전통편』추단조推斷
條의 '사죄私罪를 범해 장 100대에 해당하면 장을 치고 고신告身을
모두 추탈한다'는 조문을 들어, 김근순에게 장 100대는 속전贖錢을
받고 고신은 추탈한 다음 풀어줄 것을 아뢰었다. 정조는 김근순에
게 공功이나 의議가 있으면 각 1등을 감하라고 명했다. 이에 의금부
는 김근순의 공을 참고해 1등을 감해 장 90대의 속전을 받고 고신
4등을 추탈하는 죄에 해당한다고 했다.

형조는『태학은배시집』을 인출할 때 착오를 범한 창준과 공장
등을『대전통편』장권조의 '서책을 간인한 후 1권마다 3자 이상 착
오가 있으면, 창준·균자장·인출장은 모두 근무 일수를 삭감한다'

는 조문과,『대명률』제서유위조의 조문을 들어, 창준 장혼·균자장 이득진李得鎭·인출장 이봉일李鳳一 등을 재계齋戒한 후에 장 100대를 치고 풀어줄 것을 아뢰었다.

정조는 잠깐 조사해도 착오한 곳이 많은데 자세히 살핀다면 얼마나 될지 알 수 없고, 모든 책임은 공장이 아닌 관원에게 있다고 판단해 장인들은 엄히 신칙하고 풀어주라고 명했다. 특히 정조가 의금부와 형조에서『대전후속록』조항이 아닌『대전통편』과『대명률』을 적용한 것은 이 사안에서 벗어난 것이라고 언급하며, 법 적용을 잘못한 관원을 추고推考한 것은 주목할 만한 일이다.

보자관補字官은 황필黃筆 1병과 진묵眞墨 1정丁으로 인출한 책지에서 잘 찍혀 나오지 않은 글자의 획을 그려 넣어 보완하는 보서補書 작업을 담당한다.[45]『경국대전』에서의 사감司勘은 종9품으로 수장제원의 체아직인데 이후『대전후속록』에서 보자관으로 명칭이 바뀌었다. 보자관은 황필과 진묵 외에 보자補字에 쓸 백지白紙와 초자抄字에 쓸 백지를 각 3권씩 요청했고, 주필朱筆은 10병까지 사용했다.

글자를 찍어내는 인출장

한 권의 책은 여러 공정을 거쳐 인출을 마쳐야 비로소 그 내용과 형태가 드러난다. 서책을 간행하는 매체가 책판이든 활자든 간에 인출장印出匠은 먹을 바르고 책지를 찍어내는 작업을 담당한다.

『탁지정례』에 의하면 활자로 책을 인출하는 경우 봄과 여름에 해당하는 3월에서 8월까지는 매일 열두 장씩, 가을과 겨울인 9월에서 2월까지는 열 장씩 찍어낸다. 소로장과 줄장은 균자판의 우리를 철위리鐵圍里로 만들 때만 작업하게 된다.

활자로 서책을 인출할 때 사전에 준비해야 하는 작업이 있다. 1731년에 간행된 『경종실록』은 5월 15일 인출 작업을 시작할 예정이었다. 이를 위해 5월 9일부터 상판제원 4인과 수장제원 11인, 조역助役 2명이 주자를 분류해 숫자를 세는 작업을 시작했다. 5월 13일 실록청은 인출 작업 전에 부역한 이들에 대한 한 달 요미料米와 가포價布를 호조와 병조에 요청했다. 작업 공정에 대해 잘 알지 못하는 호조는 인출 기일에 필요한 인원인데 사전에 동원해 요포를 요구하는 상황을 용납하지 못하기도 했다.

서책의 정본正本인 책지를 인출하기까지 이전 단계에서 사용된 종이는 품질에 차이가 있다. 서책의 원고에 해당되는 출초와 두 번의 시험 인출인 초견·재견 인출지, 교정건에는 주로 백지와 후백지를 사용했다. 『현종실록』 초견과 재견을 인출할 때 사용한 책지는 백휴지白休紙였으며 먹은 송연묵松煙墨이었다. 교서관에서 공급하는 책지가 부족할 경우 호조에 지정해 공급받거나 장흥고에서 공급하게 했다. 『탁지정례』에 수록된 서책을 간행하는 과정에서 사용된 종이를 제시하면 표 23과 같다.

표 23 서책 인출에 들어가는 종이

용도	종이	공급처	비고
책지冊紙	권책지卷冊紙	교서관	부족분 호조 지정· 장흥고 진배
	첩책지貼冊紙	교서관	
출초出草	백지白紙	장흥고	종실입從實入
초견初見·재견再見	백지	장흥고	
교정건校正件	후백지厚白紙	장흥고	
정견正見	후백지	장흥고	종실입, 본문대본文代

인출장이 사용하는 도구와 재료는 표 24와 같다. 인출장이 쓰는 아자牙子는 마렵으로 만드는데, 인출장이 아자를 끓일 때 매일 탄炭 1승升씩이 필요하다. 이외에도 습지판濕紙板 2척隻과 먹을 갈아 먹 물을 만들 때 사용하는 돌인 마묵석磨墨石이 필요하다. 마묵석으로 는 대박석大礴石을 쓰며 걸레포와 묵상墨裳도 사용한다.

표 24 인출장의 작업 도구와 재료

도구·재료	수량	공급처	비고
반진묵半眞墨	매 10권 8전錢	호조	
황밀黃蜜	매 10권 4전	의영고	
숙마熟麻	매 100권 2량兩	선공감	
생마生麻	매 100권 2량	선공감	
탄炭	9~3월 매일 2승升	선공감	
	4~8월 매일 1승	선공감	
미추尾箒	매 10권 3량	선공감	
마렵馬鬛	매 10권 2량	호조	

| 도동해陶東海 | 2좌坐 | 공조 | 1차 차하上下 |
| 묵방그리墨方文里 | 장인匠人 명수名數 | 공조 | 1차 차하 |

　서책의 완성은 가독성을 좌우하는 인쇄 상태가 중요하므로 인출장의 책임이 크다. 『대전후속록』에는 1권마다 1자가 진하거나 희미하면 인출장을 태 30대에 처하고 1자마다 처벌도 한 등급씩 더하며 모든 오자의 수를 계산해 처벌한다고 규정했다. 관원은 5자 이상이면 파면하고 창준 이하의 장인은 죄를 논의해 근무 일수 50일을 삭감한다고 규정했다.

　1573년 3월 형조는 『내훈內訓』과 『황화집皇華集』을 인출한 자획이 희미해 글자가 끊어져 정밀하지 않은 것이 많은 연유를 밝히라는 선조의 명을 받았다.[46] 형조는 교서관 관원을 추고推考하라는 사안을, 『대전후속록』과 '1563년의 승전承傳' 중 무엇으로 적용할지 국왕에게 여쭈었다. 1563년의 승전은 '서책을 인출할 때 착오한 곳이 많더라도 상세히 살피지 못한 잘못일 뿐 다른 의도가 아니라면, 글자의 착오를 죽을죄로 처벌하는 것은 지나친 것이다. 장 100대로 알맞게 조율하도록 하라'는 내용이다. 선조는 교서관에서 인출한 책이 전체가 희미한 상태라 일일이 셀 수 없으니 희미한 글자를 참작해 처벌하라고 명했다.

　『육전조례』에는 서책을 간인한 후 감인관 이하는 그 능력 여부를 조사하여 상벌한다고 했다. 서책에 오자가 없으면 감인관에게 상을 주고 창준에게는 별사別仕를 허락한다. 그러나 한 권에 오자가 3자 이상 발생하면 감인관에게 처벌을 내리고, 창준·수장제원·균자장·인출장은 모두 근무 일수를 삭감한다고 했다.[47] 실제 처벌 여부를 떠나 『육전조례』의 규정은 오자 1자에 태 30대로 처벌한다는 『대전후속록』보다 한결 가벼워졌음을 알 수 있다.

책에 옷을 입히는 장책장

서책의 몸체에 해당되는 책지를 인출하면 분지창준分紙唱準이 본문 순서에 따라 책지를 분류한다. 분지창준의 작업으로 한 책으로 묶을 분량이 되면 비로소 장책장粧冊匠이 책을 묶는다. 조선시대에 책을 묶는 장인을 장책제원粧冊諸員이라고 칭했으며 줄여서 장책장粧冊匠 또는 책장冊匠이라 불렀다. 책지의 앞뒤에 책의冊衣를 대고 우측을 세로로 실로 묶는 책을 '선장본線裝本'이라고 한다. 책장은 책의를 만들어 서책의 몸체에 붙이고 책사로 묶는 작업을 담당한다.

요즘의 서책 장정에 해당되는 조선시대 용어는 장황粧䌙이다. 장황은 기록물의 특성과 용도에 맞는 재료를 선택해 열람하기 편하고 오래 보존할 수 있게 꾸미는 것이다. 장황은 서책뿐 아니라 그림이나 글씨 등 다양한 기록물을 대상으로 첩帖이나 족자, 죽책竹冊이나 옥책玉冊 등 여러 형태의 꾸밈을 포괄하는 개념이다.

1674년에는 반사頒賜한 서책 장황에 대한 국왕의 전교가 있었다. 반사한 책의 장황이 이전과 같지 않아 책의가 매우 얇고 책사冊絲도 가늘다는 것이다. 이에 대한 책임으로 교서관 담당 관원을 『대명률』의 '조작불여법造作不如法'에 따라 태 40대에 처하고, 그것이 국왕이 사용하는 물건이라면 2등을 더해 장杖 60대에 처하라는 명이 내려졌다.[48] 『대명률』의 조작불여법은 '법에 규정한 대로 만들지 않은 자는 태 40대에 처한다'는 것이다.

책의는 국왕이 열람하는 어람건과 반사하는 책에 따라 재료가 달라지는데 왕실 서책의 장황 재료를 제시하면 표 25와 같다. 어람건은 책의·면지·공격지에 초주지를 사용하고 반사건은 저주지를 쓴다. 책의의 뒷면에 붙이는 후배지는 어람건과 반사건 모두 저주지를 쓴다. 어람건은 책의와 본문 사이에 한 장의 빈 종이인 공격지를 넣어서 서책의 위격을 높이는데 반사건에는 공격지를 두지 않는다. 어람건 책의는 황염수로 두 번 염색해 사용하고, 접착제로 사용하는 아교 가루도 반사건에 비해 두 배로 사용하기도 한다.

표 25 어람건과 반사건의 장황 재료

용도	어람건		반사건	
	재료	수량	재료	수량
책의冊衣	황염黃染 초주지草注紙	반 장半張	황염 저주지楮注紙	반 장
	가염加染 황염수黃染水			
후배後褙	저주지楮注紙	2장	후백지後白紙	2장
면지面紙	초주지草注紙	1장	저주지	1장
공격지空隔紙	초주지	1장		
책사冊絲	홍진사紅眞絲	4푼分	홍진사	4푼
접착제	교말膠末	2홉合	교말	1홉
능화문	황밀黃蜜	3푼	황밀	3푼

장책장은 집돼지 털로 만든 귀얄에 교말을 묻혀 책의의 뒷면에 배접지를 붙인 후 수건주로 골고루 문지른다. 배접하는 판 위에서 책의가 완성되면 장책장은 책의를 장죽長竹에 걸어 건조시킨다. 장마철이나 겨울에는 온돌에 불을 때서 책의를 건조시키는 경우도 있다. 이와 같은 과정을 통해 마련한 책의를 능화판에 올려놓고 황밀로 무늬를 밀어낸다. 이 작업을 담당하는 인력을 능화추조군菱花追造軍이라고 칭하는데 왕실 서책을 간행할 때는 수로 평시서에 감결甘結을 내려 동원했다. 책의가 완성되면 책지의 앞뒤에 놓고 책사로 묶어 장책한다. 『탁지정례』에 수록된 장책장이 사용하는 도구와 재료는 표 26과 같다. 이외에도 책지를 도련刀鍊할 때 쓰는 전판剪板과 작업할 때 사용하는 책상冊床 및 그릇 등이 있다.

표 26 장책장의 작업 도구와 재료

용도	물품	수량	공급처	비고
배판褙板	단판椴板	1립立	선공감	10년 1개改
의배포건衣褙爆乾	장죽長竹	3개箇	선공감	
교말	교사포膠篩布	3척尺	제용감	전배前排 용환用還
배접	수건주手巾紬	2척	제용감	전배 용환
귀얄歸也	가저모家豬毛	4량兩	호조	

6장
—

책의 진상과 봉안

서책 진상 의례

왕실 서책을 국왕에게 올릴 때나 특별한 장소에 봉안할 때 『선원계보기략』은 의례를 거행하는 기준이 되었다. 『선원계보기략』을 간행하기 위해 임시로 설치한 교정청은 인출과 장황을 마치면 관상감의 일관日官에게 진상할 길일吉日을 뽑게 했다. 교정청이 진상 길일과 진상 절차를 국왕에게 아뢰어 윤허를 받으면 다음과 같이 서책 진상 의례를 거행했다.

『선원계보기략』의 진상 절차

① 진상하는 날에 교정청의 구관당상과 교정관 등이 도청都廳 이하를 인솔해 의장儀仗과 고취鼓吹를 갖추어 교정청에서 출발한다.

② 창덕궁의 정문을 통과해 인정전으로 받들고 나아간다.

③ 대전大殿에 진상하는 『선원계보기략』은 승지가 승전색承傳色에게 대내大內에 수장했던 어람건을 내오기를 청해 개장改張한 후 들인다.

④ 세자궁에 진헌하는『선원계보기략』은 시강원의 관원이 승언색
承言色에게 이전에 들인 휘람건徽覽件을 내오기를 청해 개장한 후
들인다.

『선원계보기략』을 진상할 때는 교정청에서 출발해 국왕이 거처
하는 궁궐의 정전으로 나아가 진상했다. 영조 연간에는 창덕궁 인
정전과 창경궁 명정전, 경희궁 숭정전으로 진상했다. 왕실 서책의
진상을 어떻게 할 것인가에 대해『선원계보기략』의 진상 의례를 기
준으로 논의한 사례를 살펴보자. 1719년에『열성지장통기』를 인출
해 장황까지 마치고 진상하기 위해 대리청정했던 왕세자에게 절차
를 아뢰었다. 이때『열성지장통기』의 진상 절차에 대해 두 가지 의
견이 대립했다. 한 가지는 열성列聖의 사적事跡을 수록한『열성지장
통기』에는 어휘御諱와 어제御製가 있으니,『선원계보기략』을 진상하
는 예에 따라야 한다는 견해다. 그와 반대되는 의견은『열성지장통
기』를 간행한 관서는 교서관으로,『선원계보기략』을 수정했던 교정
청과는 위상이 다르니『선원계보기략』의 진상 의례대로 거행할 수
없다는 것이다.

『열성지장통기』의 진상 절차에 대한 논점은『열성지장통기』가 어
떤 내용을 담고 있는 책이며, 어디에서 간행을 주관했는가에 있다.
즉 왕실 서책으로서『열성지장통기』가 지닌 서책의 위상에 관한 문
제다. 당시『열성지장통기』는 선왕들의 행장行狀과 지문誌文·책문冊
文 등이 수록되고 어휘에 홍첨紅籤을 붙인 중대한 책으로 인식되었
다. 그러나『선원계보기략』의 진상 의례에 따라『열성지장통기』를

진상했던 전례를 『승정원일기』에서도 찾을 수 없어, 왕세자 경종은 의장을 생략해 일반 서책을 진상하는 예에 따라 『열성지장통기』를 진상하라고 명했다.[1]

이듬해 1720년 교정청에서 간행한 『열성어제』는 『선원계보기략』의 진상 의례에 따라 12월 29일에 진상을 거행했다. 진상일에 의장과 고취가 앞에서 인도하고, 교정청의 당상과 낭청이 창덕궁 인정전까지 『열성어제』를 배진하면, 승지가 승선색에게 청하여 들였다. 그런데 이때는 숙종이 6월에 승하해 국휼 기간이었기 때문에 평시의 진상 의례와는 달랐다. 교정청에서는 1661년 2월 『효종실록』을 봉안할 때의 의례에 따라 진상할 것을 아뢰었다.[2]

효종은 1659년 5월 승하했고 『효종실록』을 완성한 1661년 2월은 국휼 기간이었다. 보통 선왕의 실록은 국휼이 지난 후에 완성되었기 때문에 실록청에서 춘추관으로 실록을 봉안할 때 의장과 고취가 인도하고 길복吉服을 입고 의례를 거행했다. 그러나 『효종실록』은 국휼 기간에 완성되었기 때문에 봉안 의례에서 상복인 백포白袍와 백모白帽를 착용했고, 봉안 행렬의 앞에서 인도하는 의장과 고취를 생략했다.[3]

1726년 4월 22일에는 경종의 어제를 첨간添刊한 『열성어제』를 진상했다. 이때는 1724년 8월 승하한 경종의 국휼 중이어서, 1720년 12월 『열성어제』를 진상할 때와 마찬가지로 종부시의 신하들은 백포와 백모를 착용했고 의장과 고취는 생략했다.[4] 이처럼 왕실 서책을 국왕에게 올리는 진상 의례는 국왕이 의례의 현장에 나온 것이 아니라 승전색이 대내에 들여 진상하는 절차였다. 그러나 1782년에

『국조보감』을 진상할 때는 정조가 직접 의례에 참여했다.

1782년 『국조보감』을 간행한 감인청監印廳에서 정조에게 『국조보감』을 진상할 때의 의례는 「진국조보감의進國朝寶鑑儀」다. 『국조보감』을 진상하거나 봉안하기 위해서는 먼저 궤에 넣는 봉과식封裹式을 거행한다. 1782년 11월 19일 오시에 『국조보감』을 봉과했다. 태조부터 영조까지 19조朝의 『국조보감』은 길이 1척尺 4촌寸, 너비 1척의 박단판薄椴板으로 만든 궤에 넣었는데, 궤에 들어갈 책의 숫자에 따라 높이를 다르게 만들었다. 국립고궁박물관에는 표 27과 같이 1책·2책·4책·6책을 봉안한 봉안 궤가 현전한다.

내용물에 맞추어 함函과 궤櫃의 크기를 조절한 것은 1752년에 영조가 점점 커지는 함과 궤의 크기를 규제하기 위해 내린 명령에 따른 것이다. 정조에게 진상할 『국조보감』은 모두 24책인데 한 궤에 12책씩 담을 수 있도록 2부를 만들었다. 진상 궤는 6책 봉안 궤의 두 배 높이인 1척 8촌의 높이로 만들었다. 봉안 궤는 안쪽을 왜주홍倭朱紅으로 칠하고 바깥은 흑진칠黑眞漆을 했고, 진상 궤는 남화화주藍禾花紬라는 비단으로 안을 바르고 외면을 왜주홍으로 칠했다.

표 27 1782년 『국조보감』의 봉안 궤와 진상 궤

궤	1책 봉안 궤	2책 봉안 궤	4책 봉안 궤	6책 봉안 궤	진상 궤
국왕	태조~명종, 효종, 현종, 경종	인조	선조, 영조	숙종	19조 24책
박단판 높이	3촌	4촌	6촌 5분	9촌	1척 8촌
제작 부수	15부	1부	2부	1부	2부

『국조보감』 봉안 궤, 국립고궁박물관.

　왕실 의례는 당일에 의례를 순조롭게 거행하기 위해 예행연습을 거행한다. 『국조보감』을 진상하기 전인 11월 22일 오전 11시에서 오후 1시 사이인 오시午時에 의례를 연습했는데 그 절차가 「진서습의進書習儀」다. 이 연습은 실제 책을 올릴 영화당暎花堂에서 신료들이 조복朝服을 입고 『국조보감』을 싣지 않은 빈 요여腰轝와 채여彩轝로 거행했다. 이날 정조도 직접 종묘에 『국조보감』을 올리는 「친상의親上儀」를 연습했다. 예행연습을 마친 정조는 삼사三司에서 봉보감관奉寶鑑官으로 선발된 인원이 모두 참여하지 않았음을 지적하고 삼사와 통례원에 신칙할 것을 명했다.

　1782년의 『국조보감』은 11월 24일 감인청에서 정조에게 진상하고, 같은 날 이어서 봉모당奉謨堂에 『국조보감』을 봉안했다. 이때

11월 26일에 종묘 신실에 봉안할 『국조보감』을 임시로 봉모당에 봉안했다. 11월 24일 『국조보감』을 채여에 싣고 감인청에서 출발한 행렬은 창경궁의 정문인 홍화문弘化門으로 들어왔다. 진상 의례가 거행될 영화당은 창덕궁에 속한 건물이지만 창경궁 북서쪽에 위치해 홍화문을 경유한 것이다. 진서 행렬은 창경궁 월근문 안쪽에 있는 청양문에 이르러서 악차幄次에 용정龍亭을 임시로 안치했다. 진서 의례에는 감인청의 신하 외에 전현직 대신들과 규장각 신료들도 참여했는데, 이들은 감인청에서 출발하지 않고 바로 청양문 밖에 도착해 대기하고 있다가 합류했다.

진서할 시간이 되어 행렬이 출발할 때 세의장이 앞에서 인도하고 고취가 울린다. 조복 차림의 모든 신하는 『국조보감』을 실은 채여를 모시고 영화당으로 나가 뜰에 이르면 각자 자기 위치에 선다. 원유관과 강사포를 갖춘 정조는 영화당에 마련된 어좌에서 규圭를 잡고 의례에 임했다. 진상 의례를 마치고 『국조보감』을 원래대로 용정에 받들어 의춘문 밖에 있는 악차에 임시로 봉안하면 정조는 규를 놓고 어좌에서 내려와 봉모당으로 가기 위해 여輿에 올랐다.

감인청에서 『국조보감』을 올리는 진상 의례는 크게 세 부분으로 나뉜다. 첫 부분은 정조가 내전에서부터 나와 영화당에 놓인 어좌에 오르고 규를 잡기까지의 과정과 감인청에서 출발하여 『국조보감』을 실은 용정이 영화당 뜰에 이르기까지의 절차이다. 두 번째 부분은 『국조보감』의 서문을 읽은 후에 규장지보奎章之寶를 찍고 전문箋文을 읽는 절차로, 『국조보감』의 진상 의례에서 가장 중요한 부분이다. 마지막 부분은 정조가 잡고 있던 규를 놓고 봉모당으로 가기 위한 절차다.

두 번째 부분의 의례 절차를 살펴보면, 봉서관奉書官 2인이 『국조보감』을 넣은 진서함進書函을 받들어 진서한進書案 위에 올려놓고, 진서함에서 『국조보감』 제1권을 꺼내어 전서안展書案에 올린다. 그러면 독서문관讀序文官이 비자篦子를 걸어놓고 서문을 읽는다. 서문을 다 읽으면 봉서관이 『국조보감』 제1권을 안보안安寶案에 올린다. 안보관安寶官이 인기印機를 설치해 규장지보奎章之寶를 찍는다. 다음으로 전전관展箋官 2인이 전함箋函을 열어 전문箋文을 마주 펼치면 독전관讀箋官이 꿇어앉아 전문을 읽는다.

이상의 의례가 거행되는 과정에서 하나의 의례가 끝날 때마다 시원임대신과 각신·찬집·감인 등의 모든 신하가 '부복俯伏·흥興·사배四拜·흥興·평신平身'의 예를 갖추었다. 1782년에 『국조보감』을 진상한 의례 절차는 이후 1848년과 1909년에 간행한 『국조보감』을 진상할 때 기준이 되었다.

서책 봉안 의례

조선시대 국왕이 서책을 봉안한 의례는 정조가 『국조보감』을 종묘의 신실神室에 봉안했던 것을 예로 들 수 있다. 선대의 국왕은 직접 서책을 봉안한 전례가 없었는데 정조는 어떤 연유로 종묘에 서책을 봉안했을까. 그 배경은 조선의 국왕은 선왕의 실록을 열람할 수 없다는 데 있었다. 정조는 『국조보감』의 서문에서 그 까닭을 명확하게 밝히고 있다.

실록과 보감은 모두 역사서이지만 그 체재는 같지 않다. 일의 크고
작음과 득실을 빠짐없이 기록하여 명산名山에 간직함으로써 천하 만
세萬世를 기다리는 것은 실록이며, 선대 국왕의 말씀이나 행적 가운
데 훌륭한 것을 취해 특별히 기록하여 후세 국왕들의 모범이 되게
하는 것은 보감이다. 그러므로 실록은 비밀리 간직하지만 보감은 밝
게 드러내는 것이며, 실록은 먼 훗날을 기약하지만 보감은 현재에
절실한 것이다.

조선의 가장 대표적인 역사서라 할 수 있는 실록은 국왕이 사망
한 후에 편찬하는 기록물이다. 실록은 사고史庫에 봉안해 국왕을
비롯한 사람들은 실록에 담긴 정보들을 열람할 수 없었다. 반면 역
대 국왕들의 덕업德業을 수록한 보감은 후계 왕에게는 절실한 기록
이자 열람할 수 있는 역사서였다.

1781년『영조실록』을 완성할 당시에 3종의 보감이 있었다.
1458년 세조 연간에 편찬한『국조보감』은 태조·태종·세종·문종
의 사실을 수록했다. 이때부터 역대 국왕들이 여러 번『국조보감』
을 이어 편찬하려 했으나 그 뜻을 이루지 못했다. 이후 1684년 숙
종 연간에『선묘보감宣廟寶鑑』을 편찬했고, 1729년 영조 연간에『숙
묘보감肅廟寶鑑』을 편찬해 3종의 보감이 되었다.

역대 국왕 가운데 왕위에서 쫓겨난 연산군과 광해군을 제외하
면, 정종·단종·세조·예종·성종·중종·인종·명종·인조·효종·현종

·경종에 해당되는 12조朝 보감은 편찬되지 않았다. 이에 정조는 영조를 포함한 13조 국왕의 보감을 편찬하라고 명했다. 정조는『국조보감』을 편찬해 선왕들의 덕업을 전하는 것은, 자신이 종묘·사직을 받들어 전하는 의미라고 말할 정도로 중대하게 여겼다.

정조는『경국대전』을 완성한 후 세조의 사당에『경국대전』을 봉안한 옛일을 본받아『국조보감』을 종묘의 신실에 봉안하고자 했다. 정조는 책보冊寶를 종묘 신실에 봉안한 의례에 따라『국조보감』을 궤에 담아 봉안하는 것을 정례화했다.『국조보감』을 봉안하기 전 8월과 11월, 두 차례에 걸쳐 봉안 궤가 각 신실의 책보장冊寶欌에 들어갈 공간이 있는지 살펴보니 모두 여유가 있었다. 그러나 제11실 숙종 신실에 있는 책보장은 궤가 들어갈 여유가 없어, 송판松板으로 길이와 너비를 늘려 책보장을 새로 개조했다.

11월 24일 임시로 봉모당에 봉안해 두었던『국조보감』을 종묘에 봉안하기 위해 이틀 후인 11월 26일에 꺼내 요여와 채여에 실었다. 정조는 인정문 밖에서 대기하고 있다가 규를 잡고 국궁鞠躬으로『국조보감』을 맞이했다. 세의장細儀仗이 앞에서 인도하고 고취를 연주하며 종묘로 향하는 봉안 행렬은, 봉모당에서 출발해 인정문 밖을 지나 창덕궁의 정문인 돈화문으로 나갔다. 이 행렬의 뒤에는 종묘로 향하는 정조의 동가가 이어졌으나『국조보감감인청의궤』에 수록된 반차도에는 그리지 않았다.

1782년에 그려진「국조보감종묘봉안반차도國朝寶鑑宗廟奉安班次圖」에는 '사령使令 5, 부관部官 1, 나장羅將 5, 금부서리禁府書吏 2, 금부도사禁府都事 2'로 구성된 인로군引路軍이 맨 앞에서 봉안 행렬을 이끌고 있다. 그 뒤로 60병柄을 든 의장군儀仗軍이 15병씩 두 줄로 도로 양쪽에 배진하여, 횡으로 보면 한 줄에 동일한 의장이 4병씩 배진해 도로를 가득 메우며 화려하고 웅장한 의장 행렬을 이루었다. 의장기에 이어 고취 16명과 전악典樂 1명으로 구성된 악대가 두 차례에 걸쳐 행렬하고 있으며, 뒤이어 향정자香亭子가 도로 양쪽으로 2개가 배치되었다.

반차도의 핵심 부분이 되는 요여 13부에는 종묘 정전에 신위가 있는 태조·태종·세종·세조·성종·중종·선조·인조·효종·현종·숙종·경종·영종의 보감을 실었다. 채여 6부에는 영녕전의 정전과 동서협실에 신위가 있는 정종·문종·단종·예종·인종·명종의 보감을 실었다. 반차도에는 보감을 실은 19조의 요여와 채여를 중심으로 같은 구성의 그림이 그려져 있다. 즉 선두에 배안상排案床이 서고 그 뒤를 충찬위 2인이 따르고 이어서 요여와 채여가 간다. 이 뒤에는 말을 타고 행진하는 이들로 봉보감관奉寶鑑官이 가운데 서고, 좌우에 거안집사擧案執事 2인이 자리하고, 거안집사의 바깥쪽 좌우로 봉치사관奉致詞官과 욕석집사褥席執事가 나란히 한 줄로 행렬을 이룬다.

이 반차도에는 종묘로 향하는 봉안 행렬에 이어, 『국조보감』을 정조에게 올릴 때의 행렬인 「국조보감진서시반차도國朝寶鑑進書時班次圖」가 함께 그려져 있다. 반차도에서 진서할 때의 의장은 15병이 두 줄로 배진하여 30병이 앞에 서고, 그 뒤를 16명의 고취와 1명의 전악, 향정자 1개가 뒤따랐다. 이러한 배진은 정확하게 종묘 봉안 행렬의 절반이 되는 규모로, '진상'과 '종묘 봉안'이라는 사안의 위

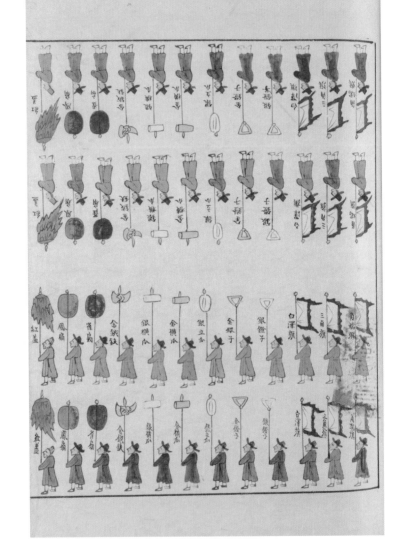

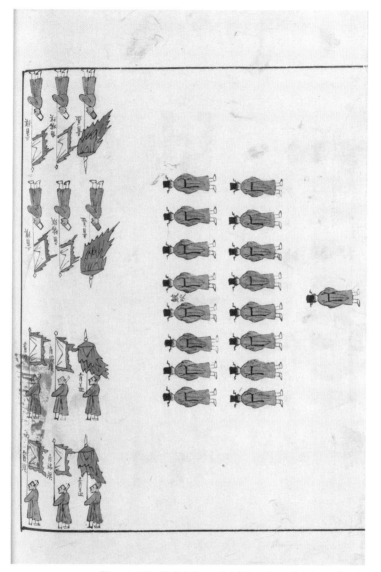

「국조보감종묘봉안반차도」, 세의장과 고취, 규장각한국학연구원.

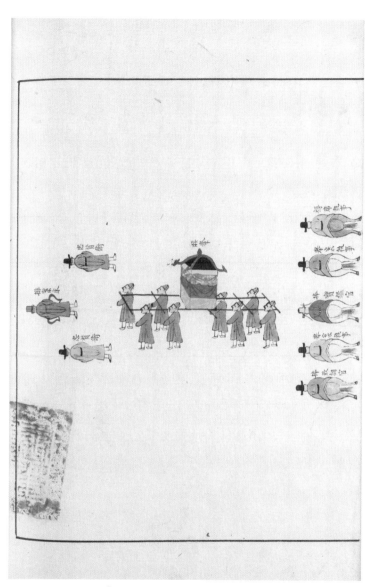

「국조보감종묘봉안반차도」, 채여와 요여, 규장각한국학연구원.

계를 보여주는 것이다. 향정자에 이어 진서보감을 실은 채여와 전문篆文을 실은 용정龍亭이 뒤따랐다. 행렬의 끝에는 총재대신을 선두로 감인청 신하들로 이어졌으며 예조당상과 낭청이 마지막 위치에서 행진했다.

1782년 『국조보감』을 종묘 각 실에 봉안하기 위한 행렬을 그린 반차도는, 당시 정조가 『국조보감』에 부여한 위상에 따라 이전에 없었던 종묘 봉안 의례를 거행하고 그 결과 반차도가 등장하게 되었음을 보여준다. 의례의 절차를 자세히 설명한 의주儀註는 통치자로서 정조의 위상을 드러내고, 반차도는 정조의 권위를 가시화可視化하는 다양한 상징물을 통해 위계를 표현했다.

종묘는 조선의 역대 국왕과 왕비의 신주神主를 봉안하고 제사를 받드는 곳이다. 조선시대에 『국조보감』이 종묘에 봉안된 것은 1782년에 처음 있는 일이었다. 이전에 3종의 보감이 있었지만 종묘에 봉안된 적은 없었다. 종묘의 신실神室에는 신주 외에도 국왕과 왕비의 금책金冊·옥책玉冊·죽책竹冊과 금보金寶·옥보玉寶·은인銀印 등을 봉안한 책장冊欌과 보장寶欌이 있다. 정조는 종묘 신실에 책보를 봉안했던 전례와 비교해볼 때 『국조보감』의 위상이 종묘에 봉안되기에 충분하다고 생각했다.

11월 26일 정조가 책보를 올리는 의례인 '상책보의上冊寶儀'에 따라 직접 종묘에 『국조보감』을 올렸다. 보통 책보를 종묘에 올릴 때 고취는 묘문廟門 안으로 들어가지 않았다. 그것은 책보를 올리는 해당 신실보다 더 높은 신실에 대한 압존壓尊의 혐의가 있기 때문이다. 그러나 1782년 『국조보감』의 경우에는 종묘 제1실 태조부터 영조에 이르는 19조의 신실에 모두 친상 의례를 거행하기에 압존을 염려할 필요가 없었다. 따라서 이때는 고취를 묘문에 들어오게 하고 여민락與民樂을 등가登歌에 겸용하게 했다. 종묘의 상월대上月臺에 배치되는 등가는 노랫말이 없는 음악을 연주하는 악단이다. 정조는 고취하는 악공樂工들의 옷차림이 매우 정결하지 못하니 갈아입고 연주하라고 명했다.

의례에 참석하는 종친과 문무백관 가운데 4품 이상은 조복을, 5품 이하는 흑단령黑團領을 착용했고, 총재대신과 당상 이하 여러 집사는 조복을 입었다. 다만 거안집사와 욕석집사는 흑단령을 착용했다. 정조는 면류관과 곤룡포 차림으로 규를 잡고 의례를 거행했다. 종묘 제1실부터 『국조보감』을 올리는데, 대치사관代致詞官이 "효증손 사왕 신 아무개는 삼가 『국조보감』을 받들어 올립니다"하고 아뢰면 정조는 엎드렸다가 일어났다. 이때 총재대신과 당상 이하 종친과 문무백관도 엎드렸다가 일어났다. 제1실 신좌 앞에 배안상을 놓으면 봉보감관이 보감 궤를 배안상에 안치한다. 묘사廟司가 사람을 거느리고 궤를 책보장에 봉안한다. 차례대로 제2실 이하에 나아가서도 이같이 『국조보감』을 올리는 의례를 거행하고, 영녕전에 나아가서도 이처럼 거행했다.

정조가 책보를 올리는 의례에 따라 각 조의 보감을 종묘 각 실에 봉안한 것은 주나라 사당에 대훈大訓과 보기寶器를 수장한 것을 따른 것이다. 정조는 종묘에 직접 가서 모든 신실에 『국조보감』을 올리며 역대 선왕과 자신의 계승 관계를 일일이 확인시켰다. 이 과정에서 정조는 자신이 선왕들의 뜻과 사업을 계승해 성취했다는 '계지술사繼志述事'를 표방하며 국왕으로서의 정통성을 더욱 확고히 다졌다.

정조 이후의 후대 국왕들은『국조보감』을 종묘에 봉안하는 의례를 계승해 1848년에 정조·순조·익종의 보감을 봉안했고, 1909년에는 헌종과 철종의 보감을 봉안했다. 이같이 선왕들에 대한 기억을 되살려내고 정례화하는 의례는 후계 왕들이 선왕을 '계지술사'하는 방법의 하나였고, 선왕의 덕으로 일컬어지는 '심법心法'을 계승함으로써 후계 왕의 통치를 정당화하는 데 기여했다.

선원각의 기록물 관리

조선 후기 임진왜란과 병자호란을 거친 후 국가 기록물은 거의 손실되었고 왕실 기록물 또한 예외가 아니었다. 조선의 17~18세기는 이를 회복하기 위한 공사公私 간의 노력으로 기록물의 생산이 활발해졌으며 그 양이 많아질수록 수장처의 건립이 뒤따랐다. 조선 후기에 건립한 네 곳의 사고史庫는 경상도 봉화현 태백산, 강원도 강릉부 오대산, 전라도 무주부 적상산, 강화부 정족산이다. 사고는 실록을 봉안한 사각史閣과 선원보첩을 봉안한 선원각璿源閣으로 구성되었다.

실록의 편찬과 봉안은 춘추관春秋館에서 주관했으며, 선원록의 편찬과 봉안은 종부시宗簿寺에서 담당했다. 사각史閣은 실록각實錄閣·장사각藏史閣이라고도 부르며, 선원각은 선원보각璿源寶閣·선각璿

閣·보각寶閣·선원록각璿源錄閣으로도 칭한다. 왕실 족보인 선원보첩은 종부시의 선원록청璿源錄廳에 있는 선원보각과 사고의 선원각에 봉안했다. 정족산의 선원각은 네 곳의 사고 선원각 중에서 가장 늦은 1682년에 건립되었다. 그러나 서울과 가까워 항상 종부시 당상이 봉안사奉安使가 되었으며, 선원각에 탈이 있을 경우 신속하게 처리할 수 있었다.

종부시는 송나라 용도각龍圖閣의 제도를 본받아 종부시의 정正이 시신侍臣 반열에 참여했으며 춘추관의 직함을 겸했다.[5] 1693년에는 종부시 내에 규장각을 세워 『열성어제』와 『선원계보기략』의 책판을 봉안하고 숙종의 어필로 규장각의 편액을 걸었다. 특히 17~18세기에 종부시는 역대 왕들의 어제와 어필, 『선원계보기략』 등을 간행해 선원각에 봉안하며 지속적인 관리를 시행해 기록물을 보존하는 일을 주도했다.

선원각에 봉안한 왕실 기록물을 보존하는 체계는 봉안과 포쇄 그리고 선원각 수리가 순환되는 체계다. 종부시는 이 보존 체계를 원활히 운영하기 위해 국왕에게 보고하거나 관련 관서와의 문서 행정을 통해 직면한 사안을 처리했다. 종부시가 수행한 왕실 기록물 보존 체계의 실상을 그대로 담고 있는 공문서가 「선원록형지안璿源錄形止案」이다.

「선원록형지안」의 책의에는 간지干支나 연호를 우측에 세로로 기록하고 좌측에는 형지안의 명칭을 기록했다. 보통 형지안의 책의에는 '연호·간지·월일·형지안 명칭'을 기록했다. 정족산 선원각에 대한 형지안의 명칭을 보면 「강화정족산형지안江華鼎足山形止案」 「어첩

선원록이안형지안御牒璿源錄移安形止案」「어첩선원록환안형지안御牒璿源錄還安形止案」「어첩선원록봉심형지안御牒璿源錄奉審形止案」「선원록봉안형지안璿源錄奉安形止案」「선원각수개형지안璿源閣修改形止案」「선원각개건형지안璿源閣改建形止案」「선원각포쇄형지안璿源閣曝曬形止案」등이 있다. 이 가운데 형지안의 명칭으로 많은 것은 '선원록봉안형지안·선원각포쇄형지안·선원각수개형지안'이다.

「선원록봉안형지안」은 선원각에 선원보첩을 봉안했을 때 작성한 형지안이다. 「선원각수개형지안」은 선원각을 수리했을 때 작성한 형지안이다. 「선원각포쇄형지안」은 선원각에 봉안한 선원보첩을 포쇄했을 때의 형지안이다. 그러나 선원보첩을 봉안하거나 선원각을 수리할 때도 먼저 이전에 봉안한 선원보첩을 포쇄했다. 형지안의 명칭에 '포쇄'가 들어 있지 않더라도 선원각의 문을 열고 들어가게 되면 거의 포쇄를 거행했다. 그렇다면 「선원각포쇄형지안」은 무엇을 의미하는가. 이것은 선원보첩을 봉안하거나 선원각을 수리하는 일이 없이 오직 선원보첩만을 포쇄했을 때의 형지안을 의미한다.

「선원록형지안」은 형지안명形止案名, 형지形止, 선원보첩 목록, 좌목座目으로 구성되어 있다. 형지는 사안이 되는 선원록 봉안과 포쇄, 선원각 수개에 대한 전말을 기록한 것이다. 선원보첩 목록은 당시까지 선원각에 봉안된 선원보첩과 의궤를 비롯한 왕실 기록물의 목록이다. 이 기록물들은 『천자문』의 수록 한자순으로 매겨진 봉안궤에 담겼으며 궤를 싼 형태까지 기록되어 있다. 『탁지정례』에는 선원각에 봉안된 기록물의 종류 및 종이는 다음과 같다.[6]

표 28 선원각에 봉안한 기록물

서명	종이	서명	종이
열성팔고조도 列聖八高祖圖	설화지雪花紙, 선사건繕寫件	선원가현록 璿源加現錄	도련저주지 搗鍊楮注紙
열성어첩 列聖御貼		당대선원록 當代璿源錄	하품도련지 下品搗鍊紙
국조어첩 國朝御牒		왕비세보 王妃世譜	초주지
열성어제 列聖御製	초주지草注紙, 개간건開刊件	왕세자행록 王世子行錄	저주지楮注紙, 선사건
열성어필 列聖御筆			
선원계보기략 璿源係譜紀略		종반행적 宗班行蹟	
열성지장 列聖誌狀	초주지	선원록형지안 璿源錄形止案	

좌목은 사안을 맡아 처리한 종부시와 선원각의 담당자를 기록한 것이다. 형지안은 두 권을 작성하여 한 권은 종부시로 가져가고, 한 권은 선원각의 형지안궤에 보관했다.[7] 형지안 책의에 '유상留上'이나 '선각상璿閣上'이라고 기록한 것은 사고 선원각에 보관했던 형지안이다. 이에 반해 '시상寺上'은 종부시에 보관한 형지안을 지칭하는 것이며, '본청本廳'이라고 적은 것은 종부시의 선원록청을 가리킨다.

「선원록형지안」은 '형지'가 기재되어 있어 「실록형지안」과 차별되는 가치가 돋보인다. 「선원록형지안」의 '형지'는 사안을 제기하는 시점에서부터 시행되는 과정에 이르기까지 그 시종을 파악하기에 충분한 정보를 담고 있다. 이는 「실록형지안」이 형지안명, 실록 목록, 좌목으로만 구성되어 실록의 사안에 관한 전말을 알기 어려운 것과 대비되는 특징이다.

이러한 「선원록형지안」의 구성과 특징은 1871년의 「선원각포쇄형지안」에서부터 1906년까지 현전하는 형지안 4건 7책에서 변화를 보인다. 먼저 「선원록형지안」의 가장 큰 특징이었던 형지가 빠져 있다. 둘째, 1832년까지 『천자문』 순서로 매겨졌던 봉안궤가 단지 '일궤一樻'라고만 되어 있고 봉과에 대한 언급이 없다. 셋째, 좌목에 담당자의 성씨만을 기재하거나 서리와 고자의 좌목이 없다. 이러한 변화는 1864년 종부시가 종친부에 합속된 후에 작성된 형지안에서 나타난 것으로 「실록형지안」의 구성과 동일하게 되었다.

선원보첩은 종부시 선원록청과 네 곳의 사고 선원각에 봉안할 5건을 수정했다. 선원보첩의 수정을 마치면 동시에 봉안을 거행하는 것이 아니라 가장 먼저 정서正書한 선원보첩을 종부시의 선원록청에 봉안하고, 이어 정서를 마치는 대로 각 사고 선원각에 봉안했다. 그러나 흉년이 들거나 여건이 여의치 않을 경우 외사고에 봉안할 선원보첩을 임시로 종부시의 선원록청에 두었다가 적당한 시기에 봉안을 거행했다. 이에 따라 선원보첩의 봉안은 선원보첩이 수정된 시기와 일치하지 않는 경우가 있게 되었다.

선원보첩의 봉안은 종부시의 도제조와 제조 중 당상 1원員이 봉안사奉安使가 되고, 종부시의 정正·주부主簿·직장直長 중 1원이 낭청이 되어 거행한다.[8] 1702년에 선원보첩을 사고의 선원각에 봉안할 때의 사목事目인 「어첩선원록봉안시사목御牒璿源錄奉安時事目」을 마련했다. 이것은 실록을 봉안할 때의 사목과 종부시의 「식년봉안사목式年奉安事目」을 참작한 것이다.

영조는 연잉군延礽君 시절에 1712년 5월 5일부터 1715년 12월

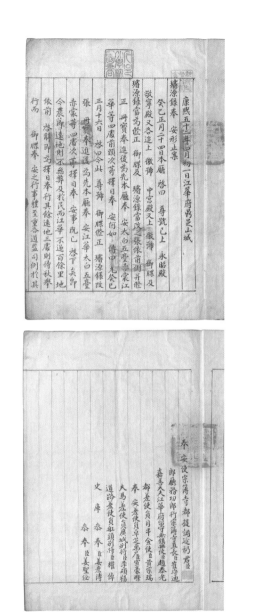

康熙五十二年□月初一日江華府鼎足山城
璿源錄奉 安形止案
癸巳正月二十四日本廳 □□ 尊號乙上 永昭殿
敬寧殿又含進上 徽牌 中宮殿又上 徽牌 御牒及
璿源錄奉爲修正 御牒及 璿源錄奉改之張像尚例开修
正 丹寶奉進後爲先本廳奉 安太白五臺赤裳江
華等四處前頸次芽擇日奉 安何如 傳甲允癸巳
三月十六日 癸巳今此 尊諭 御牒修正 璿源錄改
張丗寶奉進後爲先本廳奉 安江華太白五臺
赤裳等四處次芽擇日奉 安事院乙 癸下矣卽
今農卽遠地則不無弊及於江華不遠百餘里地
依前 啓辭卽爲擇日奉行其餘遠地三處則侍秋擧
行而 御牒奉 安之行事體至重含道監司例於其

奉 安使宗簿寺都提調延礽君□
都廳務功郎行宗府寺直長崔時迪
嘉善大夫江華府留守兼鎮撫使趙泰□
奉安差使員□僉使□□□□黃宗瑞
奉安差使員辛芟□□□李碩稿
夫馬差使員感城別將引持官羅□
道路差使員組頭引持官羅□
史庫 奉 奉 臣姜壽□
奉 奉 臣姜聖□

「계사년정족산성선원록봉안형지안」,
규장각한국학연구원.

25일까지 종부시 도제조를 지냈다.9 1713년 4월 1일 연잉군이 봉안사가 되어 정족산 사고 선원각에 선원보첩을 봉안하고 작성한 형지안이 「계사년정족산성선원록봉안형지안癸巳年鼎足山城璿源錄奉安形止案」이다. 이 형지안은 인찰선을 정성 들여 그린 공책에 필사했으며, 52.3×36.0센티미터의 책지는 다른 형지안보다 1.3배 정도 크다. 형지와 좌목에 나오는 봉안사 연잉군의 이름 '금昑' 위에 어휘를 가리는 피휘지避諱紙를 붙였다.

한국학중앙연구원 장서각에 현전하는 『강화정족산성선원록봉안행차일기江華鼎足山城璿源錄奉安行次日記』는 연잉군의 봉안 행차를 기록한 것이다. 형지안과 일기의 정보를 함께 살펴보면 봉안사행의 일정과 인원을 상세히 알 수 있다.

표 29 1713년 정족산 사고 선원보첩 봉안 일정과 배행 인원

일자	봉안 일정	배행 인원
3월 25일	① 사조辭朝	① 낭청 종부시 직장 최수적崔守迪 ② 서리 서정익徐挺翼·박지번朴枝蕃 ③ 고자庫子 서승규徐承規
	② 선원록청에 가서 어첩御牒·선원보첩을 받들고 출발	④ 경기도차사원 남양부사 이세상李世祥 ⑤ 봉안겸부마차사원 중림찰방 이세방李世芳 교체 배행
3월 27일	강화 경계 갑곶진甲串津 도착	①~③ ⑥ 강화유수 조태로趙泰老 ⑦ 도차사원 월곶첨사 황종서黃宗瑞 ⑧ 봉안차사원 초지만호 선호찬宣豪燦 ⑨ 도로차사원 강두보별장 권탁權倬 ⑩ 부마차사원 광성별장 이석희李碩禧

3월 30일	① 정족산성에 도착해 서울에서 가져온 선원보첩을 취향당에 임시로 봉안 ② 봉안사 이하는 선원보각에 나아가 숙배 후 봉심 ③ 이전에 봉안된 선원보첩을 꺼내 취향당에서 포쇄 ④ 서울에서 가져온 어첩 두 장을 구건에 첨입하고 이전 장은 빼내어 세초 ⑤『당대선원록當代璿源錄』 한 권은 월자궤에 봉안	①~③ ⑥~⑩ ⑪ 사고 참봉 강언전姜彦傳·참봉 강성필姜聖佖
4월 1일	① 선원보첩을 선원보각에 봉안 ② 선원보각을 봉한 후 봉안사 이하 사배四拜하고 물러남	

봉안사행은 3월 25일 선원록청을 출발하여 27일 강화 갑곶진에 도착했고, 30일에 정족산성에 도착했다. 봉안사행은 먼저 서울에서 가져온 어첩을 실은 채여와 선원록을 담은 궤를 취향당翠香堂에 임시로 봉안했다. 취향당은 사고의 별관으로 실록과 선원보첩을 임시로 봉안하는 곳이다. 봉안사 이하 각무차사원各務差使員은 선원각에 나아가 숙배肅拜한 후에, 선원각을 열고 들어가 내부의 탈이 없는지 살폈다. 그리고 이전에 봉안했던 어첩과 선원보첩이 담긴 궤를 꺼내와 취향당에서 포쇄曝曬했다. 한편 서울에서 수정해 가져온 어첩 장張은 구건舊件에 첨입添入하고, 구건에서 빼낸 이전 장은 세초洗草했다. 보통 어첩과 선원보첩에서 빼낸 장을 불태우는 경우가 많고 세초해 묻은 예도 있다. 『계사년당대선록』은 월자궤月字櫃에 추가로 봉안했다.

포쇄를 마친 선원보첩은 원래 담겨 있었던 소궤小櫃와 대궤大櫃에 싸는 봉과를 했다. 어첩궤御牒櫃에는 『국조어첩』 한 책과 『선원계보기략』구건舊件 한 책을 넣어 봉과했다. 어첩궤에 넣을 책은 먼저 다홍대단多紅大段으로 만든 겹보자기로 싸고, 그것을 다시 홍주紅紬로 만든 홑보자기로 쌌다. 백저포白苧布로 겹주머니 두 개를 만들어 궁포말芎蒲末을 담아 하나는 궤의 바닥에 넣고, 책을 두 번 싼 보자기를 넣은 뒤 그 위에 나머지 약재 주머니를 올려놓았다. 궁포말은 궁궁芎芎 가루와 창포菖蒲 가루를 섞은 것으로 책을 훼손하는 좀을 예방하기 위한 것이다.

어첩궤는 흑칠黑漆한 작은 궤인데 용두龍頭 자물쇠와 열쇠開金를 봉한 종이 띠에 봉안사가 관품官品을 적고 '근봉謹封'이라 착서着署한 후, 네 폭의 홍주紅紬로 만든 겹보자기로 궤를 쌌다. 보략궤는 어첩궤와 마찬가지로 봉과해 선원각의 중앙 벽에 있는 고족상高足床에 봉안했다. 궤 위에는 빗물과 먼지를 막기 위해 네 장을 연결한 유둔油芚 1부浮로 덮었다.

천자궤天字樻에서 월자궤月字樻에 이르는 10궤에 봉안한 책자는 각각 홍주 다섯 폭 홑보자기로 한 번만 쌌다. 약재 주머니는 어첩궤와 동일하게 넣었다. 열 개의 궤는 어첩궤와 달리 대궤大樻인데 납염鑞染 자물쇠와 열쇠를 봉한 종이 띠에 봉안사가 착서했다. 이 궤들을 선원각 좌우 벽에 있는 장상長床에 봉안하고 대궤 위에 네 장을 붙인 유둔 4부로 덮었다. 봉과를 마친 선원보첩은 4월 1일 선원각에 원래대로 봉안하고 봉안사 이하가 사배四拜하고 물러났다.

선원보첩은 '자子·묘卯·오午·유酉'의 간지干支가 들어 있는 식년式年에 3년마다 한 번씩 편찬했다. 봉안은 보통 식년에『선원가현록璿源加現錄』을 편찬한 후 거행하는데, 이때 3년 동안 수정한『국조어첩』을 비롯한 선원보첩을 함께 봉안했다. 봉안 의례는 어첩御牒이 있을 경우 당상과 낭청이 배왕하고 일관이 뽑은 길일에 거행했다. 그러나 1681년과 1696년에 흉년이 들자 주전廚傳의 폐를 줄이는 방법으로 정족산 선원각을 제외한 세 곳의 선원각은 낭청만을 보내 봉안하도록 정했다. 주전은 지방에 나가는 관원이 경유하는 역참에서 음식과 거마를 제공하는 것이다.

선원각에 봉안한 기록물을 보존하기 위한 기본이 되는 관리는 포쇄曝曬다. 포쇄는 선원각을 열 때마다 궤에 봉안한 기록물을 꺼내 거행했다. 선원보첩을 봉안하거나 선원각을 수리할 때는 물론이고 장마철이 지나 선원각의 이상 유무를 점검할 때도 포쇄했다. 포쇄는 선원보첩에 대한 직접적이고 가장 중요한 보존 체계에 해당된다.

사고의 사각과 선원각에 봉안된 기록물에 커다란 위험이 되는 것은 기와나 벽 등이 손상되어 건물 안으로 장맛비와 흙비가 스며드는 것이다. 따라서 장마철이 지나면 춘추관이나 종부시의 낭청을 보내 사고를 살펴본 후 수리하고 기록물을 포쇄하도록 했다.[10] 흙비가 내리면 좀벌레뿐 아니라 습기로 인해 기록물이 빠르게 훼손되기 때문에 포쇄가 시급하다.[11] 정족산 사고의 선원각에 봉안한 선원보첩을 별관인 취향당으로 옮겨와 포쇄하는 한편, 서울에서 가져온 선원보첩을 수정하는 작업도 동시에 진행했다. 취향당의 대청에서는 책의 습기를 바람에 말리고, 온돌방에는 불을 때서 습기가 심한 책을 포쇄했다. 선원각에 비가 새 수리할 때도 기록물을 취향당으로 옮겨와 포쇄와 수정 작업을 병행했다.[12]

포쇄가 기록물을 보존하기 위한 직접적인 방법이라면, 봉안처로서 제 기능을 발휘할 수 있도록 선원각을 수리하는 것은 간접적인 방법이다. 선원각에 문제가 발생하면 포쇄를 거행한 효과는 크지 않다. 따라서 선원보첩을 보존하는 체계에서 포쇄와 선원각 수리는 서로 보완하는 역할을 한다.

선원보첩을 봉안하는 사안은 종부시에서 건의해 거행되지만 선원각을 수리하는 일은 보통 사고를 지키는 참봉參奉의 보고로 시작된다. 봉안은 종부시 당상이 주관하지만, 선원각을 수리하거나 옮겨 건립하는 것은 종부시 낭청이 담당했다. 「선원각수개형지안」에는 사고 참봉의 보고에서부터 선원각을 수리한 후 종부시 낭청이 선원보첩을 본래대로 봉안하는 과정이 상세히 수록되어 있어 그 실상을 파악할 수 있다.

선원각은 나무와 흙으로 만들어진 한옥으로 태풍과 장마가 지나가면 손볼 곳이 생긴다. 선원각을 수리하게 되는 원인은 대부분 태풍으로 기와 수십 장이 날아가 떨어지거나, 장마로 기와가 깨져 빗물이 새는 곳이 생기기 때문이다. 빗물이 선원각 안으로 스며들면 서까래를 비롯한 나무들이 썩고 앙토仰土가 무너져 선원각 마루판이 꺼지게 되며, 궤를 덮은 유둔과 선원각 바닥에 깔아놓은 지의紙衣가 썩는다.

이 외에 궤를 올려놓은 탁자상의 다리가 썩어 부러지는 바람에 궤가 기울어져 뒤집힌 채 바닥에 흩어진 경우도 있었다. 선원각의 수리는 선원보첩을 봉안하거나 포쇄할 때도 내외를 살펴 필요에 따라 진행했다.

외규장각의 기록물 관리

조선 전기부터 사고를 건립해 기록물의 영구 보존을 도모했던 국가의 노력은 조선 후기까지 끊임없이 지속되었다. 강화부에는 정족산 사고가 있어 사각과 선원각에 각기 실록과 선원보첩을 봉안하고 춘추관과 종부시에서 체계적으로 관리하고 있었다.

효종 연간부터 강화를 국방의 요충지로 삼는 과정에서 강화부 행궁에는 별고別庫를 설치했다. 별고에는 당대 국왕의 교명敎命과 책보冊寶를 비롯해 역대 국왕의 어제와 어필, 서적과 그림 등을 수장했다. 그러나 정조 연간에 이르러서는 왕실의 기록물을 봉안하는 곳으로서의 위상을 잃은 지 오래되었고 관리하는 관원조차 없는 상황이었다. 당시 교명과 책보를 봉안할 때 단지 내시 한 사람이 궤에 담아 말에 싣고 가니 선원보첩을 봉안하는 의례와는 크게 격차가 있었다.

정조는 종부시와 춘추관에서 거행하는 봉안과 포쇄의 전례를 따라 규장각에서 강화유수와 의논해 봉안절목奉安節目을 정하도록 했다. 외규장각에 왕실 기록물을 봉안할 때의 절차는 선원보첩 및 실록을 봉안할 때의 사목을 참고해 마련했다. 절목의 내용을 보면 봉안사는 규장각 제학이나 직제학 중 한 사람, 직각과 대교 중에서 한 사람을 책임자로 정했다. 그리고 집사관으로는 사권司卷이나 영첨領籤 중에서 한 사람, 검서관 4원 중에서 한 사람을 실무자로 정해 봉안을 거행하도록 했다. 봉안 행차에는 규장각의 서리 두 사람이 공복公服을 갖추고 말을 지급받아서 모시고 따라가도록 정했다. 포쇄는 직각이나 대교 중 한 사람이 1년마다 거행하는 것으로 정했다.

「외규장각형지안」은 「실록형지안」「선원록형지안」과 마찬가지로, 기록물 보존을 위해 특별히 건립한 봉안처에서 국왕을 명을 받은 봉명관奉命官이 사안을 완수하고 작성한 공문서이다. 「외규장각형지안」은 형지안명, 기록물 목록, 좌목으로 구성되어 있다. 권수에는 형지안의 명칭으로 먼저 연호와 연월일을 기록하고 이어 '강화부외규장각봉안江華府外奎章閣奉安 ㉠책보冊寶 ㉡보략譜略 ㉢지장誌狀 ㉣어제御製 ㉤어필御筆 급장치及藏置 ㉥서적書籍형지안形止案'을 적었는데, 현전하는 「외규장각형지안」의 명칭이 모두 동일하다.

㉠은 국왕인 대전大殿을 비롯해 대왕대비大王大妃·왕대비王大妃·중궁전中宮殿 등 왕실 구성원의 책봉에 관한 옥책·금보·교명 등의 기록물이다. ㉡은 『선원계보기략』의 간략 서명, ㉢은 『열성지장통기』의 간략 서명, ㉣은 국왕이 지은 글, ㉤은 국왕이 쓴 글씨를 지칭한다. ㉠~㉤은 외규장각에 봉안하는 기록물이며, ㉥은 장치 즉 수장해두는 기록물이다. 형지안명에 쓴 봉안과 장치는 위계를 달리하는 기록물을 구별하는 한자이다.

「외규장각형지안」에 기록물의 목록을 적을 때는 먼저 외규장각 내부 여섯 칸의 공간 중에서 해당되는 위치를 적고 책가冊架의 형태를 기록했다. 이것으로 외규장각의 내부 구조와 기록물의 봉안 위치를 파악할 수 있다. 좌목은 국왕의 명을 받아 사안을 수행한 담당자의 명단이다. 좌목은 봉안 사안의 중요도에 따라 규장각 각신 혹은 강화유수가 담당했다.

외규장각의 내부 상태를 살펴보는 봉심奉審은 강화유수가 봄과 가을에 두 차례 거행하는 것이 정례였다. 강화유수는 봉안장의 표서標署와 동벽·서벽의 책가에 봉안한 책자가 이전에 봉심할 때와 별다른 탈이 없음을 장계를 올려 보고했다.

1791년 4월 강화유수 홍수보洪秀輔는 외규장각의 서리가 배행해 봉심을 거행한 후「외규장각형지안」을 작성했다. 이때의 봉심은 2월에 새로 동소탁東小卓을 마련해 봉안한 책들을 다시 분류해 봉안하고 외규장각 내부와 전퇴前退에 깐 자리를 새로 장만했다. 외규장각 수리에 들어가는 물자는 선원각의 전례대로 해당 지역인 강화부의 회부미會付米로 회감하고 홍수보는 장계로 보고했다.[13]

사고의 실록각과 선원각이 소재한 곳의 책임자는 긴급한 상황에서도 봉안각을 열고 사안에 대처할 수 없었다. 그러나 외규장각은 보통 규장각 각신을 겸직하는 강화유수가 봉심해 사안에 대처할 수 있는 자율성이 있었다. 이러한 봉안처 운영의 차이는「외규장각형지안」의 관인과 좌목의 형태에 반영되었다.

1782년에 정면 세 칸과 측면 두 칸의 여섯 칸 규모로 건립된 외규장각의 내부와 서가 배치는「외규장각형지안」을 통해 알 수 있는데 표 30과 같다. 외규장각의 내부 구조는 남향의 출입 공간을 제외하고 다섯 곳에 봉안 장과 탁자를 놓아 기록물을 보존했다. 기록물은 위계에 따라 봉안하는 위치와 서가 형태에 차이를 두었다. 목조 건축에서는 모든 칸이 동질한 형태와 규모, 위상을 갖는 것이 아니다. 중심성과 위계에 따라 어칸·협칸·초칸 등으로 나뉘고, 칸 수에 관계없이 중앙칸은 항상 '어칸御間'이 되며, 그 규모와 장식에서 차이를 두어 특별한 상징적 의미를 지닌다.[14]

표 30 외규장각 구조와 서가 배치

서협칸西夾間	정칸正間	동협칸東夾間
북벽탁자	봉안장奉安欌	북벽탁자
서벽탁자	출입 공간	동벽탁자
남전영南前楹 한칸	남전영 한칸	남전영 한칸

먼저 외규장각의 중앙인 정칸 북쪽으로 봉안장이 놓여 있다. 봉안장은 상·중·하 3층장인데 상층과 중층에는 대왕대비를 비롯해 왕대비·대전·중궁전 등이 책봉될 때 제작된 옥책玉冊이나 옥보玉寶·교명敎命 등을 봉안했다. 하층에는 왕실 족보인 『선원계보기략』과 『열성어제』 등 왕실 구성원과 관련된 서책을 봉안했다. 하층에 봉안된 기록물은 궁궐 내의 봉모당奉謨堂과 서고西庫, 강화부의 책고冊庫, 정족산 사고에서 옮겨온 것이다.

정칸의 양쪽에 있는 동서 협칸은 규모는 정칸과 다름없으나 정칸의 양쪽에 배치해 협칸으로 지칭했다. 정칸을 중심으로 동쪽 협칸에는 북벽에 탁자를 놓았고 동벽에는 상하 각각 2층으로 된 탁자를 두었다. 북벽 탁자에는 별고別庫에서 옮겨온 어람건 의궤를 봉안하고, 상 1·2층 탁자에는 『예기』를 비롯한 중국 서책을 수장했다. 하 1·2층 탁자와 서벽 탁자 4층에는 『주역』을 비롯해 『천자문』까지 조선 서책을 책고에서 옮겨와 수장했다.

서쪽 협칸은 북벽에 3층 탁자를 놓았고 서벽에는 4층 탁자를 두었다. 북변 탁자에는 '숭정황제어필崇禎皇帝御筆' 등 족자를 담은 궤를 책고에서 옮겨와 봉안했고, 효종 어찰의 석각판石刻板을 담은 궤를 사고에서 옮겨와 봉안했다. 이외 『이문원강의摛文院講義』 등의 책을 서고에서 가져와 봉안했다.

외규장각의 서가 배치와 기록물을 보면 정간의 북면이 가장 높은 위상을 상징하는 공간임을 알 수 있다. 정칸의 봉안장 다음 순위는 왼편의 동협칸이며, 그 안에서 북쪽이 남쪽보다 우위에 선다. 따라서 형지안에도 동협칸의 북벽 탁자에 놓인 기록물을 먼저 적고, 그다음에 서협칸의 북벽 탁자에 놓인 기록물을 적었다.

1782년에 외규장각이 완성되자 정조는 봉안할 기록물들을 적은 책자를 내각內閣과 외각外閣 그리고 서고西庫에 나누어 수장하라고 명했다.[15] 내각은 규장각의 직원直院인 이문원을 가리키며, 외각은 외규장각, 서고는 조선 서책을 보관하기 위한 건물이다. 「외규장각형지안」은 사안마다 두 건을 작성한 「실록형지안」 「선원록형지안」과는 달리 세 건을 작성해 내각·서고·외규장각에 보관했다.

「외규장각형지안」의 형태는 몇 가지 측면에서 「실록형지안」 「선원록형지안」과 차이가 있다. 먼저 책의가 종이로 만든 지의紙衣가 아닌 비단이라는 점이다. 「외규장각형지안」의 책의는 홍색의 무늬 없는 평직으로 주紬라는 비단이며 뒷면은 저주지로 배접했다. 보통 비단 책의에는 책의와 어울리는 색의 비단을 별도로 마련해 서명을 적어 책의에 붙였지만 「외규장각형지안」은 책의에 붓으로 서명과 소장처를 적었다. 이것은 분상건 의궤를 장황한 홍염포紅染布의 책의에 직접 필사한 것과 같다.

「외규장각형지안」의 책지는 남색으로 인찰선을 직접 그린 형태인데 이 점도 「실록형지안」이나 「선원록형지안」과 구별된다. 적상

「외규장각형지안」, 규장각한국학연구원.

산 사고의 「실록형지안」은 인찰선 없이 필사한 형태와 인찰선을 그린 후에 필사한 형태, 그리고 인찰판으로 인출한 공책지空冊紙에 필사한 형태의 세 가지 책지로 구분된다.16 적상산 사고의 「실록형지안」에서 나타난 책지 형태는 여타의 「실록형지안」이나 「선원록형지안」에서도 마찬가지다.

「외규장각형지안」에는 인찰선을 똑바로 그리기 위해 먼저 상하에 바늘 구멍을 내어 위치를 표시한 자국이 있다. 어람건 의궤에도 인찰 화원이 초주지에 당주홍唐朱紅으로 인찰선을 그리기 전에 위치를 표시한 흔적이 있으며, 분상건 의궤는 인찰판으로 인출한 저주지를 책지로 썼다.

정족산 사고의 「실록형지안」이나 「선원록형지안」은 보통 앞뒤의 책지가 맞닿는 중앙과 책지의 좌우 세 곳에 관인을 찍었다. 「외규장각형지안」은 책지가 맞닿는 중앙 한 곳에 찍었다. 관인은 8.3센티미터의 정방형으로 인문은 우측부터 두 글자씩 세 줄에 걸쳐 [규장각학사인奎章閣學士印]으로 양각되었다. 규장각 각신들의 근무처인 이문원에는 두 개의 인신이 있었는데, 하나는 제학과 직제학이 주관한 규장각학사지인奎章閣學士之印이고 나머지는 직각과 대교가 주

관한 이문원인擒文院印이다.[17] 형지안에 찍은 (규장각학사인)은 제학
과 직제학이 주관하는 인장이다.

　「실록형지안」과 「선원록형지안」은 국왕의 명을 받은 봉명관만이
실록각과 선원각을 열고 사안을 수행한 후에 작성한 공문서다. 공
문서는 발급 주체와 수령 주체의 상하 위계에 따라 윗사람에게는
착명著名을 하고 아랫사람에게는 수결手決을 한다. 봉명관이 처리한
사안에 대해 국왕에게 보고하는 문서에서 착명著名은 형지안의 위
계를 반영하는 중요한 요소다. 강화유수가 개폐를 주관해 관리한
외규장각은 석실비장石室秘藏의 사고와는 성격이 다른 왕실 기록물
봉안처다. 이러한 특성이 「외규장각형지안」에서 관인이 없거나 착명
을 하지 않은 형태로 나타났다.

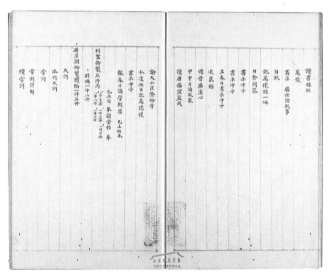

〔奎章閣學士印〕, 규장각한국학연구원.

「실록형지안」과 「선원록형지안」은 실록과 선원보첩의 목록 뒤에 한 줄을 띄우거나 여백을 두는 구분 없이 연이어 다른 기록물을 수록했다. 그러나 「외규장각형지안」은 여섯 칸의 공간과 서가의 위치가 바뀔 때마다 새로운 장에서 목록을 기술했다. 그로 인해 「외규장각형지안」은 책지 중 비어 있는 지면에 추가로 적어 넣는 작성 방식이 가능했다. 내각에 보관한 1782년 형지안에는 1784년 1월과 7월에 내각에서 봉안한 기록물을 추기追記했다. 그에 반해 서고에 수장했던 형지안에는 1784년 1월에 봉안한 기록물만을 추기하고, 7월의 봉안 내역은 추기하지 않았다. 같은 사안으로 작성한 형지안일지라도 소장처에 따라 추기나 첨지 등 상이한 면이 있다.

정조는 왕실 기록물 봉안처로서의 위상을 바로잡기 위해 외규장각을 건립하고 1782년 4월에 처음으로 책보를 봉안했다. 이후 1866년의 병인양요로 외규장각이 소실될 때까지 책보의 봉안과 봉출奉出은 여러 차례 거행되었다. 외규장각으로 책보를 이봉하기 위해서는 먼저 책보를 보자기로 싸고 함궤에 담은 봉과封裹 상태를 점검했다. 이 과정을 마치면 책보가 창덕궁을 출발해 외규장각에 봉안될 때까지 여러 단계의 의례가 거행되었다.

본래 의례를 거행한 도감都監에서 책보를 제작해 올릴 때 책보를 싸는 봉과를 거행한다. 정조는 규장각 각신들이 책보를 봉심한 후 안팎으로 봉할 때 도감에서 책보를 올릴 때의 전례대로 하라고 명했다.[18] 봉과의 재료와 절차는 의궤에 수록된 '봉과식封裹式'에 자세히 적혀 있다. 1800년 2월 순조를 왕세자로 책봉한 의례에 대한 『순조관례책저도감의궤純祖冠禮冊儲都監儀軌』에는 '죽책竹冊 봉과식'이 자세하다.

　죽책을 싸는 순서는 먼저 책의 매 첩帖마다 비단에 솜을 넣어 만든 격유복隔襦袱을 끼운다. 격유복은 죽책을 이동할 때 일어날 수 있는 충격을 예방하기 위한 것이다. 다음으로 십자형의 책갑冊匣에 죽책을 넣고 상하좌우로 책갑을 접어 단추를 채운다. 의향衣香 한 봉을 책갑 위에 얹고 겹보자기로 싼다. 보자기를 두 개의 끈으로 위아래를 묶어 내궤內櫃에 담는다. 책갑과 내궤 사이의 빈 공간을 풀솜인 설면자雪綿子로 채우고, 책갑 위에 의향을 얹고 뚜껑을 덮는다. 내궤를 자물쇠로 잠그고 열쇠 집을 배목排目에 건 다음 홑보자기로 싼다.

　그러고 나서 내궤의 상하를 두 개의 끈으로 묶어 외궤外櫃에 담는다. 외궤를 자물쇠로 잠그고 열쇠 집을 배목에 걸어둔다. 다음으로 초주지로 만든 줄을 둘러 봉하고 도제조가 직함과 성을 쓰면 착함着銜한다. 외궤를 홑보자기로 싸고 홍향사로 상하를 묶은 후, 그 여분의 중앙을 다시 묶어 근봉지謹封紙를 꽂고, 그 위에 표지標紙를 꽂는다. 마지막으로 홑보자기로 외궤를 덮는다.[19] 이와 같은 죽책의 보호 물품과 봉과 순서는 옥책의 경우도 마찬가지다.

　책과 마찬가지로 옥인玉印과 교명敎命도 각기 봉과식이 수록되어 있다. 옥인의 봉과를 보면 먼저 유복襦袱으로 싼 후 인통印筒에 넣고 그 위에 의향을 얹어 유복으로 싼다. 인통은 인록印盝에 담아 의향을 얹고 뚜껑을 덮는다. 인록을 자물쇠로 잠그고 홑보자기로 싼다. 옥인 봉과식이 죽책과 다른 점은 인록을 호갑護匣에 담는다는 것이다. 호갑 한쪽에는 보인을 답인踏印할 때 필요한 당주홍이 담긴 인주통印朱筒을 세트로 구비했다.[20] 교명은 먼저 겹보자기로 싼 후 궤에 담고 궤 안의 빈 공간을 설면자로 채운다. 그 위에 의향을 얹고 궤를 닫아 자물쇠로 잠근 후, 궤를 홑보자기로 싼다.

봉과를 마친 책보는 『선원계보기략』 『열성지장통기』 『열성어제』와 함께 외규장각에 봉안하기 위한 절차가 시작된다. 「책보보략지장어제이봉외규장각의冊寶譜略誌狀御製移奉外奎章閣儀」는 임시로 이문원에 봉안했던 책보 등을 외규장각으로 옮기는 절차에 관한 의례다. 세의장細儀仗이 앞에서 인도하고 고취가 연주되면 책보와 왕실 서책을 실은 채여가 이문원을 출발한다. 숭례문 밖에 도착하면 고취가 그쳤다. 이 행차에서 책보 채여가 앞에 서고 왕실 서책의 채여는 그 뒤에 배치했다. 숭례문 밖에서부터 채여를 가마에 받들고 행차에 참여한 배진陪進각신은 흑단령을 갖추고 뒤따른다. 외읍의 경계에서는 행차를 기다리던 시위기치侍衛旗幟가 앞에서 채여를 인도해 양화진·갑곶진에 도착한다. 각 읍의 5리에서는 짐꾼이 채여를 받들고 나간다. 채여가 외규장각 대문 밖에 도착하면 악차 안에 봉안한다.

외규장각 대문 밖에 도착한 책보는 「책보보략지장어제봉안외규장각의冊寶譜略誌狀御製奉安外奎章閣儀」에 따라 봉안했다. 봉안 의례를 거행하기에 앞서 강화부는 외규장각 중앙에 위치한 정칸의 북쪽 벽에 남향으로 책보를 봉안하는 장을 설치했다. 외규장각 문밖에는 유수 일행이 책보를 맞이할 자리를 동서에 배치했다. 배진각신 이하는 외규장각 앞뜰에서 북향으로 동쪽에 배위拜位를 설치하고, 강화유수 이하는 서쪽에 배위를 설치했다. 찬창집사贊唱執事 2인은 동서 계단 아래에서 서로 바라보는 곳에 위치하고 인도집사는 그 뒤에 자리했다. 이렇게 준비가 완료되면 다음의 절차로 책보를 외규장각에 봉안했다.

「책보보략지장어제봉안외규장각의」

　㉠ 봉안할 때가 되면 봉안차사원이 채여를 받들고 정문으로 들어간다.

　㉡ 세의장이 앞에서 인도하고 고취가 연주되면 배진각신 이하가 따라 들어간다.

　㉢ 외규장각 앞에 이르면 각신이 먼저 당에 오른다.

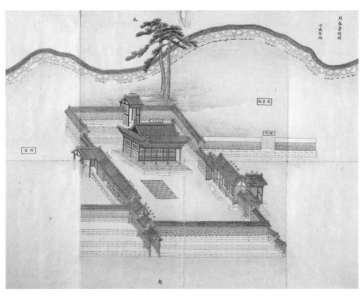

「외규장각도」, 국립중앙도서관.

ⓔ 봉안차사원이 책보와 『선원계보기략』『열성지장통기』『열성어제』
를 꺼내어 꿇어앉아 집사관에게 준다.

ⓜ 집사관이 꿇어앉고 받아 각신에게 전한다.

ⓑ 각신이 꿇어앉고 받아 장藏에 봉안하고 봉쇄하면 고취가 멈춘다.

ⓢ 각신이 배위로 내려오면 집사가 국궁鞠躬·사배四拜·홍興·평신平身
을 창한다.

ⓞ 배진각신 이하와 유수 이하가 국궁하면 음악이 연주되고, 사배·
홍·평신하면 음악이 멈춘다.

ⓩ 찬창집사가 의례를 마쳤음을 창하면, 인도집사가 배진각신 이하
와 유수 이하를 인도하여 물러난다.

「외규장각형지안」에 수록된 책보의 봉안과 봉출을 분석하면 몇
가지 사항을 알 수 있다. 첫째, 책보를 봉안할 때는 반드시 형지안
을 작성했지만 책보를 봉출할 때는 1857년을 제외하고 형지안을
작성하지 않았다. 둘째, 정조 연간에는 책보를 봉출한 사실을 바로
이전에 작성했던 형지안에 추가로 기록했다. 순조·헌종 연간에는
책보를 봉출한 이후에 작성한 형지안에 책보를 예전처럼 수록하고
봉출 사실을 주기註記로 남겼다. 셋째, 외규장각에 봉안한 국왕의
책보는 왕세자나 왕세손 책봉 때의 것이고, 왕비·세자빈·세손빈의
책보가 주를 이룬다는 점이다. 따라서 왕세자나 국왕의 승하로 인
해 해당 책보를 봉출한 후에는 새로운 봉안이 거행될 때까지 왕비
와 세자빈의 책보만이 봉안되어 있었다. 넷째, 책보를 봉안할 때 마
지막으로 제작된 보인寶印은 항상 궁궐에 소재하고 있었다.

외규장각은 효종 연간부터 강화부 행궁에 책보를 봉안했던 전례를 계승해 왕실 구성원이 생존할 때의 평시平時책보를 봉안했다. 왕실 구성원이 승하하면 책보를 궁궐로 가져가 빈전殯殿과 혼전魂殿을 거쳐 종묘에 영구 봉안되기 전까지, 외규장각은 평시책보를 봉안하는 왕실 기록물 봉안처로서의 기능이 가장 우선시되었다. 이러한 특성에 대해 정조는 책보와 교명은 책봉하거나 등극한 후에 강화부에 옮겨 봉안했다가, 필요할 때 다시 가져오는 것이라고 언급한 바 있다.[21]

외규장각은 책보와 어람건 의궤 외에 다양한 일반 서책도 수장했다. 그중 정유자丁酉字로 찍은 『삼경사서대전』은 정조의 왕릉인 건릉에 봉안한 책이기도 하다. 정조는 국왕으로 즉위한 정유년(1777)에 여섯 번째 갑인자甲寅字 계열 금속활자인 정유자를 주조했다. 이 정유자로 1793년 4월부터 교서관에서 『삼경사서대전』 50책을 찍기 시작해 이듬해인 1794년 1월에 마쳤다. 정조는 백지白紙로 찍어낸 한 건을 외규장각에 보관하게 했다. 1795년 8월 15일에 작성된 「외규장각형지안」을 보면 『삼경사서대전』 50책을 궤 하나에 담아 외규장각 서벽西壁 제1탁자에 보관했음을 알 수 있다.[22]

7장
____

책의 완성을 축하하기

차일암의 세초와 휴지의 활용

조선시대에 7월 중순이면 교외에서 각지의 논매기를 마치고 술과 떡으로 서로 즐기는 것을 '호미씨시', 한자어로 '세서연洗鋤宴'이라고 표기했다.[1] 우리말로는 호미씻이가 된다. 시골 사람들이 자식을 가르치면서 읽던 책을 끝내면 음식을 장만해 대접하는 것을 '세서례洗書禮'라고 했다.[2] 정조가 어렸을 때 책 한 질을 완독하면 혜경궁 홍씨는 그때마다 세서례를 마련했는데 민간에서는 이것을 '책씻이冊施時'라고 불렀다.[3] 이처럼 계속해오던 어떤 일이 마무리되어 손을 떼는 것을 '씻는다'는 의미의 '세洗'자를 넣어 지칭했다.

그렇다면 책을 편찬하거나 간행을 마무리해 손을 떼는 것을 무엇이라고 했을까. 실록 간행을 마친 후에 실록청實錄廳의 총재관 이하 모든 관원이 창의문彰義門 밖에 있는 차일암遮日巖으로 가서, 실록 초본草本을 자른 것을 물에 담가 먹의 흔적을 씻어내 해당 관아로 보내는 것을 '세초洗草'라고 한다.[4] 세초 역시 실록을 완성한 후에 행하는 것으로 세초하는 날을 전후로 실록청의 총재관 이하 모든 관원의 노고를 위로하는 잔치를 베풀었다.

『선원계보기략』『열성어제』『국조보감』과 같은 왕실 서책이나 실록에는 어휘御諱나 묘호廟號가 있어 기록물의 위상이 일반 서책과 차별된다. 이 책들은 기록물 자체의 존귀함으로 인해 책이 완성되는 과정에서 버려진 종이를 함부로 쓸 수 없도록 세초洗草했다. 세초 방법과 선온 절차는 『실록청의궤實錄廳儀軌』를 통해 자세히 알 수 있다.

조선 후기에 활자로 찍은 5부의 실록은 창덕궁 인정전 서쪽에 있는 춘추관 사고에 봉안했다. 실록 한 부는 경사고京史庫인 춘추관 사고 봉안건이고, 나머지는 네 곳의 외사고에 봉안할 실록인데 춘추관 사고에 임시로 봉안해두고 알맞은 시기를 기다렸다. 이와 함께 실록을 찬수하고 인출하는 과정에서 나온 시정기時政記를 비롯해 초초·중초·초견 인출지·재견 인출지도 세초하는 날까지 춘추관 사고에 잠시 보관했다.[5]

세초를 거행한 장소는 창의문 밖에 위치한 차일암이 있는 탕춘대湯春坮 일대다.[6] 탕춘대 앞에는 홍제천弘濟川과 반석이 있어 종이 만들기에 마땅해 동북쪽에 조지서가 있다. 조지서는 표문表文·전문篆文·자문咨文에 쓰는 종이와 일반 종이를 만드는 일을 담당했다. 세초하는 날에 탕춘대의 서북쪽에 위치한 세검정洗劍亭 아래에서 선온을 거행했다. 차일암에는 차일遮日을 치기 위해 구멍을 뚫었던 흔적이 남아 있다. 『여지도輿地圖』의 「도성도都城圖」에는 탕춘대 앞 홍제천을 건너 좌우에 세검정과 조지서가 그려져 있다.

탕춘대의 너럭바위와 홍제천의 풍부한 수량은 세초에 적합한 여

『여지도』, 규장각한국학연구원/중앙도서관.

건이다. 차일암에서 세초하기 위해서는 세초일 전에 미리 종이를 잘라놓아야 한다. 이 작업은 종이를 다루는 책장冊匠과 지장紙匠이 종이 자를 칼을 각자 지니고 와 실록청에서 진행했다.[7] 자른 종이는 빈섬空石에 담은 후 붉은 보자기로 덮어 말에 싣고 차일암으로 운반했다. 세초를 행할 세초꾼들은 세초 양에 따라 6명에서 40명까지 동원되어 세초 당일에 차일암이나 조지서에 파루罷漏 때까지 대령했다. 세초를 마친 휴지는 조지서가 아닌 호조로 이관하기 때문에 이를 수거해 갈 호조 낭청도 당일에 대기했다.

의궤에는 장인의 작업에 필요한 도구와 재료가 수록되어 있어서 작업 도구의 수량과 동원 인원을 통해 세초 방법을 유추할 수 있다. 세초 당일에 지장이 대령했고 지통紙桶과 홍제천의 물을 길을 때 필요한 담통擔桶 및 목표자木瓢子 등이 차일암에 준비되었다. 세초꾼은 홍제천 물을 나무 바가지로 담통에 담아 횡목을 이용해 차일암으로 나르는 일과, 잘라놓은 종이를 너럭바위에서 두드리거나 지통에 넣어 섬유질로 분해시키는 작업을 했을 것이다.

이 과정이 끝나면 글자를 알아볼 수 없는 형태의 섬유소 덩이가 된 종이를 탕춘대의 너럭바위에서 건조시킨 후 대기하고 있던 호조 낭청이 호조로 가져갔다. 그동안 실록의 초초와 중초를 물에 씻어 기록을 지우고 차일암에서 말린 후 조지서에서 새로운 종이로 재활용했다고 알려졌다.[8] 그러나 천년을 가는 한지에 먹으로 쓴 글씨는 물로 씻는다고 지울 수 없으며, 세초한 종이를 조지서로 가져가 새 종이로 만든 것은 더욱 아니었다.

세초할 종이를 잘라서 담아놓은 궤의 수량을 기록한 의궤가 있다. 1728년의 『숙종실록』은 책장 10명과 지장 10명이 작업한 세초량이 23궤였다. 1732년의 『경종실록』은 4궤였으며, 1781년의 『영조실록』과 『경종수정실록』의 세초량은 모두 19궤였다. 이때 세초를 마친 종이를 휴지休紙라고 지칭했는데, 19궤에 있었던 종이를 세초하니 휴지가 3505근이었고 이것을 말린 후의 무게는 660근이었다. 이 휴지는 비록 세초를 했을지라도 일반 종이처럼 개인이 함부로 쓸 수 없기에 호조로 보내졌다.[9]

호조에서 가져간 세초 휴지를 어떻게 활용했는지는 호조에 비축되어 있는 재상휴지災傷休紙와 연관시켜볼 수 있다. 1780년에 『영조실록』을 간행하는 교수청校讎廳에서 호조에 감결을 보내 군자판의 빈 공간을 메울 재상휴지 100근을 요청했다. 이 감결에서 교수청은 백휴지白休紙든지 재상휴지든지 간에 모두 먹물을 들여 도침해 사용하니 '휴지'라는 이름은 같다고 했다. 그러나 백휴지는 공인貢人에게서 가져다 써야 하고 재상휴지는 호조에 비축해둔 물품이니 경비를 생각해 재상휴지를 보내라는 것이다.[10] 이것으로 미루어보면 세초한 휴지를 호조가 가져가 비축한 것이 재상휴지일 것으로 생각된다.

세초 휴지에 대한 중요한 단서를 홍귀달洪貴達이 『성종실록』을 완성하고 1499년 2월에 쓴 「수사기修史記」에서 찾을 수 있다. 이 글에서 세초란 실록 편찬을 마치고 '도말塗抹한 본초本草'를 가져가 흐르는 물에 씻어버리는 것이라고 한다.[11] 의궤에서 기술한 '세초하기 위해 미리 잘라놓은 종이'가 결국 '도말한 본초'와 같은 것이다. 그렇다면 도말한 본초란 무엇인가. 이것은 글자를 알아볼 수 없게 먹으로 칠한 상태를 말한다. 이로 미루어보면 실록 교수청에서 '먹물로 염색한다'고 말한 재상휴지는 세초한 휴지를 먹으로 칠하는 방법일 것이다.

종부시에 설치한 교정청에서 편찬하거나 간행한 『국조어첩』과 『선원계보기략』 중에는 차일암이 아닌 종부시에서 세초를 거행한 사례가 있다. 17세기 외사고 선원각에서는 이전의 선원보첩에서 수정할 장을 교체하고 빼낸 장을 정결한 장소에서 태워버리기도 했다. 『단종실록부록』의 경우 실록과는 위상이 차별되기 때문에 차일암으로 나가지 않고 찬집청에서 목파조木杷槽 안에 온수를 부어 세초했다.[12] 세초할 대상이 소량이거나 중대한 사안이 아닐 경우에는 차일암이 아닌 장소에서도 세초했음을 알 수 있다.

국가 의례에 관한 서책이 개정되면 의례를 거행할 때 이전 조문條文과의 혼란을 방지하기 위해 태우거나 세초했다. 1752년에 간행한 4책의 『국조상례보편國朝喪禮補編』은 이후 1757년 국상을 치르면서 불편한 절차를 수정했다. 이 과정을 거쳐 1758년에 6책의 『국조상례보편』을 완성했다. 그런데 1786년에 1752년 4책본이 함께 통용되어 상례 절차에 혼란을 야기했다. 이에 예조판서 윤시동이 1752년본을 모두 거둬들여 세초하기를 건의했다.[13]

국왕의 선온과 신료의 전문

세초는 책을 완성하고 휴지로 남은 종이를 처리하는 작업 이상의 의미를 지닌다. 어떤 일이 마무리되어 손을 뗀다는 의미의 '세洗' 자를 넣어 지칭한 것처럼, 실록의 세초는 선왕先王의 시대를 마무리하는 것을 상징한다. 총재관 이하의 실록청 관원이 참여하는 세초와 국왕이 노고를 치하하는 선온宣醞을 내려주는 의례는 '사초의 상례喪禮'로, 한 시대의 마감과 새로운 시대의 출발을 공감하는 예식이었다.[14]

실록의 완성을 치하하는 선온을 받는 의례와 선온에 대한 감사로 전문箋文을 올리는 의례를 『영조실록』을 간행한 실록청을 통해 살펴보자. 1781년 7월 6일 실록청은 춘추관 사고에 『영조실록』을 봉안했고 세초 길일은 7월 25일로 결정되었다. 정조는 전례前例를 참고해 세초하는 날 차일암에서 잔치를 베풀고 선온 등을 거행하라고 전교했다. 그러나 승정원에서 서북 지방의 홍수와 영남·호남의 가뭄으로 잔치를 열 때가 아니며, 선왕들의 『승정원일기』를 살펴보면 매번 조정 신하들의 건의로 세초연을 중지시켜 실제로 거행한 사례는 드물었다고 아뢰었다. 이에 대해 정조는 1661년과 1677년 때의 비지批旨에 따라 거행하라고 했다.

1661년 현종은 『효종실록』을 완성한 뒤 선온과 사연賜宴을 명했으나, 사헌부와 승정원에서 가뭄을 당해 잔치를 베풀 수 없다고 아뢰어 의정부와 차일암에 선온만을 거행했다. 1677년 9월 11일 숙종은 『현종실록』이 완성되자 의정부와 차일암에 사연·일등사악一等賜樂·내외선온을 명했다. 그러나 이틀 뒤인 9월 13일에 좌의정 권대운權大運이 흉년이므로 『효종실록』의 사례에 의해 사연과 사악을 정지하기를 청해, 의정부에는 내선온을 행하고 차일암에는 내외선온을 거행했다.[15] 내선온은 중사中使 즉 내관內官이 전해 내리는 것이고 외선온은 승지가 전해 내리는 것인데, 반찬이 각기 다르며 내선온에 비해 외선온이 소략했다.[16]

1781년 7월 9일 예조에서는 사연을 정지하고, 1661년과 1677년의 전례에 따라 의정부에는 내선온만을 내리고 차일암에는 내외선온을 시행하겠다고 아뢰었다. 정조는 7월 6일의 전교와는 달리 예전에는 공적인 수요에 들어가는 잡비를 내수사內需司의 어염세魚鹽稅나 사궁四宮의 양안 외의 전세田稅 등에서 마련해 내려주었는데, 지금은 모두 혁파해 국가 경비로 귀속시켰기 때문에 내선온을 마련할 여력이 전혀 없음을 밝혔다. 그래도 1677년의 전례대로 두 차례의 내선온을 행하고 싶었던 정조가 담당자에게 물어보니 앞으로는 모두 호조에서 내야 한다는 것이다. 그렇게 되면 세 차례의 선온을 호조에서 감당하게 되니, 정조는 외선온만을 거행하고 이에 맞게

다시 절목을 마련하라고 했다.[17]

7월 11일 예조에서 의정부의 내선온과 차일암의 외선온에 대한 절목을 마련해 실록청으로 관문을 보냈다.[18] 예조는 이에 앞서 7월 9일 두 곳에서 선온을 거행할 때 실시할 절목을 정조에게 올렸다. 정조는 절목 가운데 '보계補階'에 대해 요즘은 진연進宴이나 알성謁聖 등 큰 행차가 아니면 설치하지 않으니 수정하라고 전교했다.[19] 보계는 궁중에서 큰 행사를 치르기 위해 전각이나 관서 앞에 임시로 설치하는 자리다. 전교에 따라 예조에서 선온하는 장소에 보계를 없앴는데 이외에는 전례의 절목과 같다.

「의정부 내선온과 차일암 외선온 때에 행해야 하는 절목」[20]

① 의정부의 내선온과 차일암의 외선온 때에 참석 인원은 실록청에서 미리 서계書啓할 것.

② 의정부의 내선온은 대과와 소과의 방방放榜 때에 선온한 예에 의해 거행하고, 술안주는 담당 관서에서 진배하되 중사中使가 참석할 것.

③ 차일암의 외선온은 전례대로 설행하고 승지가 참석할 것.

④ 두 곳의 선온 때 청소를 하거나 햇볕을 가릴 장막을 치는 일과 밤에 어두워지면 불을 밝히고 횃불을 준비하는 등의 일은 각 담당 관서의 맡은 관원이 직접 진배할 것.

⑤ 두 곳의 선온 때 고훤부장考喧部將이 군사를 인솔하고 잡인을 살피되 병조에서 정하여 보낼 것.

⑥ 미진한 조건은 추후에 마련할 것.

7월 20일 입시 사관이 실록청으로 와서 22일 의정부 선온에 참석할 인원을 서계하라는 하교를 전했다. 실록청은 영돈녕부사 이은李溵에서부터 별공작 장악원 주부 이집성李集星까지 모두 79원員에 대한 「진참인원단자進參人員單子」를 올렸다. 의정부에서 거행한 내선온의 의례 절차는 다음과 같다. 내선온 의례는 먼저 참석자들이 북향해 사배하고 중사가 총재관 이하에게 잔을 주면 받아 마시고 마지막으로 반수班首가 중사에게 잔을 주어 마신다.

「의정부 선온시 의례」[21]

① 그날 선온이 도착하면 집사 통례원 관원이 선온을 탁자 위에 놓는다.

② 중사가 탁자의 동쪽으로 나아가 서쪽을 향해 절하고, 마친 뒤 그대로 탁자의 동쪽에 서쪽을 향해 선다.

③ 집사가 총재관 이하를 이끌고 함께 탁자 앞으로 나아가 북향으로 선다. 집사가 '사배四拜'를 외치면 총재관 이하는 모두 네 번 절하고, 마친 뒤 모두 차례로 자리로 간다.

④ 중사도 자리로 가서 선온상宣醞床을 올린다. 중사가 탁자의 동쪽으로 나아가 서쪽을 향해 선다.

⑤ 반수가 탁자 앞으로 나아가 북쪽을 향해 무릎을 꿇는다. 중사가 잔을 주면 반수가 잔을 받아 마시고 다 마신 뒤 부복하고 일어나 자리로 돌아간다.

⑥ 여러 재상도 각기 이것으로 탁자 앞으로 나아가 북향해 무릎을 꿇고 잔을 받아 마시고 다 마신 뒤 부복하고 일어나 자리로 돌아

간다.

⑦ 반수가 탁자의 서쪽으로 나아가 동쪽을 향해 서고, 중사가 탁자 앞에서 북향해 무릎을 꿇는다. 반수가 잔을 주면 중사가 잔을 받아 마시고 다 마신 뒤 부복하고 일어나 물러나 자리로 돌아간다.

⑧ 선온의 잔 돌리기가 끝나면 총재관 이하는 차례로 나간다. 시복時服으로 예를 행한다.

실록청에서 병조와 훈련도감·금위영·어영청에 관문關文을 보내, 차일암에서 세초할 때 실록청 원역員役들에게 제공할 음식을 전례대로 넉넉하게 대주기를 요청했다.[22] 의궤에는 어떤 음식을 제공했는지 언급이 없지만, 『육전조례』의 실록 세초시 선온을 참고하면 면과 떡을 비롯해 탕과 편육, 과일 등이 있었다.[23]

7월 25일 찬집청에서 차일암의 외선온에 72원이 참석한다고 단자를 올렸다. 선온을 거행하는 의주는 의정부에서 선온할 때와 동일했다. 다만 의정부의 내선온에서 중사가 술잔을 주는 대신 차일암의 외선온은 승지가 총재관 이하에게 술잔을 주었다. 차일암에서 세초하는 25일 이른 아침에 춘추관 당상과 낭청이 춘추관 사고에 보관했던 세초 기록물이 담긴 궤를 가지고 나온다. 실록청의 총재관 이하는 모두 모여 세초를 진행하고 늦은 아침에 좌부승지 김우진金宇鎭이 선온의 명을 받들고 나온다. 선온하는 곳은 차일암 건너에 위치한 세검정 아래다. 세초를 마치고 돌아와 춘추관에서 정조에게 세초를 마쳤음을 보고했다.

『영조실록』의 완성을 축하하는 정조가 내린 선온에 대해 신료들을 대표해 홍문관제학 이명식李命植이 감사하는 전문箋文을 지었다. 이 전문은 세초한 다음 날인 7월 26일에 정조에게 올렸으며 전문의 내용은 다음과 같다.

전 총재관 대광보국숭록대부 영중추부사 김상철, 대광보국숭록대부 영돈녕부사 이은, 대광보국숭록대부 행 판중추부사 정존겸, 대광보국숭록대부 의정부 영의정 겸 영경연홍문관예문관춘추관관상감사 서명선, 대광보국숭록대부 행 판중추부사 이휘지 등은 삼가 건륭 46년 7월 22일에 실록을 완성하고 실록청의 일을 마쳤다고 중사를 보내 의정부에서 치른 선온을 받았는데, 7월 25일에 차일암에서 세초할 때는 근시近侍를 보내 또 선온하게 하셨습니다.

이는 실로 옛 관례를 따르려는 마음과 아랫사람을 생각하는 정성에서 나온 것으로, 매우 성대한 조치이자 남다른 예우입니다. 신들은 더할 나위 없이 황공하고 감격스러운 마음을 감당하지 못하겠습니다. 삼가 전문을 받들어 고마움을 표현합니다. 신 김상철 등은 참으로 두렵고도 두려워 머리를 조아리고 또 조아리며 말씀 올립니다.

삼가 아룁니다. 영종대왕께서 돌아가신 지 점점 멀어지니 역사를 편찬함에 슬픔이 커져가고 상께서 선온을 거듭 베푸시니 내려주신 술잔을 들고 눈시울이 젖어듭니다. 헛되이 특별한 예우를 해주셨지만 어찌 작은 공인들 있겠습니까. (…) 신들은 하늘 같은 성상을 우러러 복받치는 지극한 두려움을 이기지 못하겠습니다. 삼가 전문을 바쳐 감사함을 표합니다. 건륭 46년 7월 26일 전 총재관 대광보국숭록대부 영중추부사 신 김상철 등이 삼가 전문을 올립니다.[24]

전문을 올리는 의례 절차는 「진사전의進謝箋儀」인데, 전문은 정조가 몸소 나와 받지 않고 전문을 담은 전함箋函을 총재관이 올리면 사알司謁이 대내에 들인다. 인정전 뜰에서 거행하는 「진사전의」는 크게 세 단계로 구분된다. 먼저 의주의 ① ② ③ ④에 해당되는 것으로 전안箋案·배위拜位·전함箋函 등을 마련하는 과정이다. 전함을 올려놓을 안案을 배치하고, 총재관 이하 관원들이 절하는 자리를 정하면, 전함이 실은 용정이 인정전으로 들어온다. 다음은 ⑤ ⑥으로 관원들이 사배한 후 무릎을 꿇으면 총재관이 전함을 승전에게 전하고, 승전은 사알에게 전함을 주어 대내에 들이는 과정이다. 마지막 ⑦은 관원들이 '부복俯伏·흥興·사배四拜'를 마치고 인정전을 나가는 것이다. 외임을 맡은 관원도 전문을 올리는 의례에 참석한다.

「진사전의」[25]

① 그날 인정전 아래 뜰 동편 정북에 남향으로 전안을 놓는다.

② 총재관 이하는 인정전 뜰 남쪽 가까운 곳에 북향으로 배위한다.

③ 그날 전함을 용정龍亭에 싣고 세의장細儀仗과 고취가 앞에서 인도해 인정문 밖에 이르면 고취는 물러가고 용정은 정문으로 들어온다.

④ 집사인 충찬위가 전함을 전안에 놓는다. 총재관 이하는 흑단령을 입고 들어와 배위로 나아간다. 승전은 전안의 동쪽으로 나아가 서쪽으로 향해 선다.

⑤ 찬의가 '사배'라고 외치면, 자리에 있는 관원은 모두 네 번 절한다. 찬의가 '궤跪'라고 외치면 자리에 있는 관원은 모두 무릎을 꿇

는다.

⑥ 집사가 전함을 무릎 꿇고 총재관 앞으로 올리면 총재관은 전함을 받아 승전에게 준다. 승전은 전함을 받아 사알에게 주어 대내에 들인다. 승전은 나와서 자리로 돌아와 서향으로 선다.

⑦ 찬의가 '부복·흥·사배'를 외치면 자리에 있는 관원은 부복했다가 일어나 네 번 절한다. 절을 마치면 차례로 나간다. 외임 관원도 의례에 참석한다.

1781년 7월 26일의 「진사전의」는 1657년 9월 26일의 「실록세초연후진전의주實錄洗草宴後進箋儀注」와 동일하다. 다만 ⑦항이 1657년에는 '절을 마치면 승전이 물러나고 인의가 총재관 이하를 이끌고 나간다'였고, 1781년에는 '절을 마치면 차례로 나간다'로 바뀌었지만 대의에 문제가 없어 의례가 124년간 변함없이 지속되었음을 알 수 있다.[26]

수고한 이들에게 내리는 시상

실록을 완성한 후 거행하는 세초나 선온은 실록청의 총재관 이하 모든 관원이 참여하는 잔치로 의례의 집단성을 보여준다. 세초와 선온은 '사초史草의 상례喪禮'로 한 시대의 마감과 새로운 출발을 공감하는 의례이며, 차일암은 의례를 거행하는 마당이었다.[27] 서책의 완성을 축하하는 또 다른 방법으로 수고한 이들에게 담당한 업무와 근무 일수에 따라 시상하는 상격賞格이 있는데, 상은 말이나 짐승 가죽, 활 등 다양했다.

1781년 7월 6일 『영조실록』을 춘추관에 봉안했다는 보고를 받은 정조는 수고한 실록청 당상과 낭청을 비롯해 원역과 공장 등을 보고하라고 명했다. 실록청은 총재관 이하 당상과 낭청의 근무 일수를, 원역과 공장은 대표자와 총인원을 별단으로 올렸다. 이튿날 정조는 전교를 내려 시상했는데 수고에 보답하는 상전賞典이니 하루도 넘기지 않고 바로 시행하라고 지시했다.

시상에는 몇 가지 원칙을 두었는데 한 사람이 여러 일을 했더라도 상을 중복해 받지 않도록 하고, 이미 사망한 당사자에게는 시상하지 않았다. 실록청 총재관은 김상철金尚喆·서명선徐命善·이은李溵·이휘지李徽之·정존겸鄭存謙으로 모두 네 사람이었다. 정조는 124일을 근무한 이휘지에게는 안장을 갖춘 말 한 필을 면전에서 내리고, 10일과 9일을 근무한 정존겸과 이은에게는 아마兒馬 한 필을 내려주었으나 김상철과 서명선은 근무일이 4일과 2일로 적어 시상에서 제외되었다. 상으로 주는 말은 기여도에 따라 '안구마鞍具馬, 숙마熟馬, 반숙마半熟馬, 아마兒馬'의 순으로 하사했다.

관직에 내려주는 상은 품계를 높여주는 가자加資와 품계에 상당하는 관직을 제수하는 준직제수準職除授, 벼슬을 올려주는 승서陞敍가 있었다. 표 31에서 볼 수 있듯이 가자를 내린 이들은 도청 낭청과 각방 낭청을 맡았으며 근무 일수는 120~622일로 상당한 기간 동안 일했다. 준직을 제수한 이들은 125~156일 동안 근무했다. 승서한 이들은 등록낭청을 맡았던 승문원 부정자가 많았는데, 이들은 101~307일 동안 근무했다.

표 31 1781년 『영조실록』 실록청 관원 시상

시상	시상 대상자			
가자	부사과 박천형 도청 낭청 365일 각방 낭청 257일	부사과 유의 도청 낭청 239일 각방 낭청 358일	부사과 홍명호 도청 낭청 117일 각방 낭청 3일	부사과 황승원 도청 낭청 117일 각방 낭청 221일
준직 제수	교리 이경일 도청 낭청 117일 각방 낭청 39일	홍문관 수찬 윤상동 도청 낭청 129일	부사과 임석철 도청 낭청 116일 각방 낭청 9일	
승서	승문원 부정자 민효극 등록 낭청 307일	승문원 부정자 이일운 등록 낭청 266일 분판 낭청 45일	승문원 부정자 이운빈 등록 낭청 265일 분판 낭청 26일	승문원 부정자 권중현 159일
	승문원 부정자 이석하 등록 낭청 132일	승문원 부정자 유문양 등록 낭청 101일	부사과 윤재명 등록 낭청 194일	부사과 윤이상 등록 낭청 138일

　　정조는 별공작別工作에서 작업을 감독하면서 244일 동안 근무한
이집성을 승서해 등용하라는 비망기備忘記를 내렸다. 보자관補字官·
분지창준分紙唱準·교정창준校正唱準·계사計仕에게는 요미料米를 지급
하는 알맞은 자리를 주고, 원역과 공장에게는 정례대로 등급을 나
누어 상을 내려주라고 했다. 실록청의 원역은 춘추관 서리와 도청
都廳과 분판등록청粉板謄錄廳의 서리·고지기庫直·사령使令이며 1등과
2등으로 등급을 나눴다. 공장은 분지창준부터 상판제원까지 2등이
며, 별공작의 목수와 소목장 등이 3등이다.

　　영조는 1726년 『열성어제』를 간행하느라 수고한 이들에게 비망
기를 내려 시상했다. 간행을 주관한 종부시는 서계書啓를 세자궁에
도 올려 세자궁에서도 상을 내렸다.[28] 영조가 종부시 제조에게 숙

마 한 필을 내렸고 8세의 효장세자는 중표피 1령令을 내렸다. 세자 궁에서 내린 상은 대전에 비해 소규모 물품으로 표범가죽·사슴가 죽·후추 등 다양했다. 화원부터 침선비에게는 부역한 작업 일수에 따라 호조에서 요미料米를 지급하고, 병조에서는 가포價布를 지급했 다. 영조 연간의 일급日給은 요미 3승과 가포 무명 1척 1촌인데 부 역 일수에 따라 한 달에 한 번 지급했다. 세자궁은 각수부터 침선 비까지 각 장인의 우두머리인 편수片首에게만 시상했다. 발문 제술 관 이하 침선비까지 시상한 내용은 표 32와 같다.

표 32 1726년 『열성어제』 간행 참여자 시상

시상 대상자	국왕 시상	세자궁 시상
종부시 제조	숙마熟馬 1필	중표피中豹皮 1령令
발문 제술관	반숙마半熟馬 1필	소표피小豹皮 1령
교정관	가자加資	대록피大鹿皮 1령
교정 겸 발문 서사관	6품 천전遷轉	대록피 1령·무명白木 1필匹
종부시 정正·주부主簿	승서陞敍	통개筒箇 1부部
서사 사자관 상호군	고품부록高品付祿	무명 1필
화원·차지창준		호초胡椒 2승升
서리·고지기·사령	요미料米· 가포價布	단목丹木 4·2·3근斤
각수·장책장·인출장		편수片首 포布 1필
제각장·마판군·두석장· 대목수·소목장· 칠장·다회장·병풍장· 인거장·지장·침선비		편수 전錢 3량兩 5전戔

국왕이 쓴 글과 글씨를 '어제御製'와 '어필御筆'이라고 하며 왕

세자의 글과 글씨는 '예제睿製'와 '예필睿筆'이라고 한다. 효명세자 (1809~1830)는 부왕 순조를 대신해 1827년부터 1830년까지 대리청정을 했으며 1834년에 익종翼宗으로 추존되었다. 순조의 명으로 내각에서 1832년과 1833년에 두 차례 효명세자의 예제를 선사繕寫해 진상하자 순조는 상을 내렸다.[29] 선사를 감독한 규장각의 검교대교 이긍우李肯遇에게 대록피 1령을 주었다. 예제를 교준校準한 검서관들에게 통개를 내리고, 예제를 선사한 사자관에게 무명 2필과 베 2필을 내리는 등 두 차례의 시상은 거의 같았다.

1833년의 예제 선사가 이전과 다른 점은 중궁전中宮殿 순원왕후純元王后가 특별히 상을 내린 것이다. 4월 11일에 순조의 시상과 동시에 중궁전에서 내린 상은 초록광초草綠廣綃를 비롯해 백정주白鼎紬·무명木 등 모두 옷감이었다. 예제의 선사를 총괄한 각신부터 다회장까지 참여한 모든 이에게 차등을 두어 옷감을 내렸다.

특히 잠장簪匠은 예제를 담은 아자형亞字形의 책갑冊匣에 달린 비녀 모양을 만든 장인으로 왕실 서책을 궤에 담아 진상할 때에는 없던 장인이다. 순조가 잠장에게 내린 상은 두 차례 모두 무명 1필이었는데 순원왕후는 무명 2필을 시상했다. 이처럼 중궁전의 시상이 대전大殿인 순조의 시상보다 후한 까닭은, 전례에 따라 내린 대전의 시상과는 달리 순원왕후는 효명세자의 모친으로서 애뜻함이 시상에 반영된 것이다.

표 33 1833년 『경헌집』 선사 참여자 시상

시상 대상자	중궁전 시상
감동각신 검교대교 이긍우	초록광초草綠廣綃 1필疋, 남광초藍廣綃 1필, 옥색정주玉色鼎紬 1필
사자관 이동현·이한중· 조명석·피상준·이동현	백정주白鼎紬 1필, 황저포黃苧布 1필, 백저포白苧布 1필
사자관 유운오 등 12인	백정주 1필, 황저포 1필
책장 5명·인출장 1명	무명木 2필
잠장簪匠 1명·다회장 1명	무명 2필

8장

책의 내력을 기억하기

왕위 계승을 표상하는 서책

책의 내력은 책이 완성된 후 오랜 세월이 흐르는 동안 이루어진 이야기다. 동일한 정보를 담고 있는 책이라면 어떤 형태를 취하고 있든 텍스트의 가치는 변하지 않는다. 그러나 내용뿐 아니라 그 책만이 가진 특별한 내력이 있다면 세상에서 유일한 책으로서의 가치를 지니게 된다. 이 장에서는 국왕과 왕세자 그리고 신하들의 각별한 사연이 있는 책의 내력을 살펴본다.

서책의 장황에서 책의만큼 주목해야 하는 요소로 면지面紙와 공격지空隔紙가 있다. 보통 책의를 넘기면 오른쪽에 있는 면지가 백지로 비어 있기 때문에, 국왕이 서책을 하사한 반사頒賜 기록이나 소장자가 남긴 다양한 사연의 장서기藏書記가 있다.

조선시대 홍문관이나 세자시강원, 존경각에는 소장하고 있는 서책의 현황을 알 수 있는 '책치부冊置簿'를 작성해 국왕의 열람을 대비했다. 경연을 맡은 홍문관에 소장한 서책을 기록한 치부에는 '내부도서지적內府圖書之籍'이라고 서명을 붙였다.[1] 규장각한국학연구원

『춘추경전집해』, 〔春坊內府之藏〕,
규장각한국학연구원.

에 현전하는 『춘추경전집해春秋經傳集解』에는 〔춘방내부지장春坊內府
之藏·해동청구海東靑丘〕라는 장서인을 찍었다. 홍문관과 시강원은 국
왕의 경연과 왕세자의 서연을 맡은 관서로서 내부內府라고 칭했음
을 알 수 있다.

창의궁彰義宮 내에 소재한 일한재日閑齋는 영조가 등극하기 전에
머물렀던 잠저潛邸로 노년에도 이곳을 자주 찾았다. 창의궁은 한
성부 북부 의통방義通坊(종로구 통의동)에 있었던 곳으로, 원래 효종
의 4녀인 숙휘淑徽공주의 부군 인평도위寅平都尉 정제현鄭齊賢의 집
이었다. 이 집을 숙종이 사서 넷째 아들인 연잉군延礽君에게 주었

다. 영조는 1712년부터 창의궁에 머물렀고 1719년 2월 15일에 영조의 후궁인 정빈 이씨가 효장세자(1719~1728)를 창의궁에서 낳았다. 1721년에 왕세제王世弟가 된 영조는 창의궁을 떠났고, 1724년에 즉위함에 따라 효장세자는 경의군敬義君에 봉해지고 이듬해 6세의 나이로 세자에 책봉되었다.

한국학중앙연구원 장서각에 현전하는 『일한재소재책치부日閑齋所在冊置簿』는 1726년 1월 19일 일한재에 소재한 서책을 적은 치부다. 이 책치부에는 목록이 끝난 다음 장의 오른쪽 상단에 대자大字로 새긴 국왕의 재가를 상징하는 〔계啓〕자인字印을 찍었다. 다음 줄에는 '1726년 1월 20일 계하하니 춘궁에게 전하라雍正四年正月二十日啓下 傳于春宮'고 적었다. 조선시대의 문서에는 장과 장이 맞닿은 위치에 관인을 찍어 위조를 방지했는데 치부책의 하단에도 소자小字의 〔계〕자인을 찍었다.

이 책치부는 1월 19일에 작성해 20일에 영조의 재가를 받아 〔계〕자인을 찍은 국왕 결재 문서의 위상을 지닌 서책 장부다. 일한재에 소재한 책 중에서 영조가 대내로 들인 것은 '내입內入'이라고 적고 서명을 먹으로 그었다. 일한재에서 대내로 가져간 책을 제외한 나머지는 책치부와 함께 춘궁에게 전했다. 1726년 1월의 춘궁은 바로 7세 효장세자다.

영조의 판부判付가 있는 면 다음에는 빈 책지 네 장이 함께 묶여 있다. 이 중 세 장에는 왼편에 그림과 글씨가 있다. 처음 그림은 수질首絰을 쓰고 요질腰絰을 두른 사람이 죽장竹杖을 짚고 있다. 경종이 1724년 8월 25일에 승하해 1726년 10월까지 국상 기간이므로

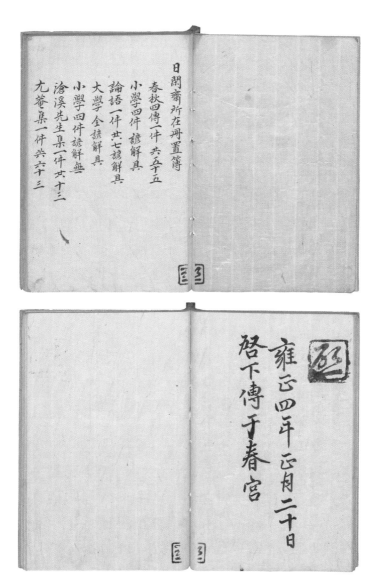

日閉齋所在冊置簿
春秋四傳一件　共五十五
小學四件　諺解具
論語一件　共七諺解具
大學全諺解具
小學四件諺解無
滄溪先生集一件　共六十三
九卷集一件　共六十三

雍正四年正月二十日
啓下傳于春宮

『일한재소재책치부』, 한국학중앙연구원.

상복을 입은 모습을 그린 것이다. 다음 장에는 '대내에서 나온 책內出冊'이 적혀 있고, 이어 세모 지붕과 네모로 그린 집안에 한 아이가 책을 쌓아 들고 있는 그림이 있다. 마지막 장에는 '정미오월丁未五月'이라고 적었는데 이는 1727년 5월이다. 영조의 (계)자인이 찍힌 책치부에 낙서할 수 있는 사람은 7~8세의 효장세자뿐이다.

『일한재소재책치부』에 첫 번째로 기록된 책은 『춘추사전春秋四傳』이며 이어서 『소학小學』 등의 경서와 『선원계보기략』 『열성어제』 등 왕실 서책이 수록되어 있다. 『춘추사전』은 성종이 홍문관 유신들에게 명해 춘추의 네 가지 주석서인 '좌씨전左氏傳·공양전公羊傳·곡량전穀梁傳·호씨전胡氏傳'을 순서대로 배열하고 주소註疏와 음훈音訓을 수록해 55권으로 편찬한 『춘추집전대전春秋集傳大全』을 지칭한다.

영조의 『춘추사전』은 한국학중앙연구원 장서각에 현전하는데, 권수卷首의 면지에 '1704년 1월 23일 연잉군 금에게 『춘추사전』 한 건을 내리니 사은하지 말 것을 명한다'는 내사內賜 기록이 있다.[2] 이 책에는 내사할 때 찍은 (선사지기宣賜之記)와 영조가 소장하면서 찍은 (연잉군방延礽君房)과 봉모당에 봉안한 책에 찍은 (봉모당인奉謨堂印)이 있다.

규장각한국학연구원에 현전하는 『춘추보편春秋補編』에는 '1701년 5월 20일 연잉군 금에게 『춘추보편』 한 건을 내리니 사은하지 말 것을 명한다'는 내사 기록이 있다.[3] 『일한재소재책치부』에 『춘추보편』 2책이 수록되어 있는데 바로 이 책이다. 제1책의 면지에는 내사 기록이 있고 본문 첫 장의 상단에는 (선사지기)가 있다. 하단에는 정조의 장서인 (승화장承華章·홍재弘齋)가 있다. 이 책을 내사받

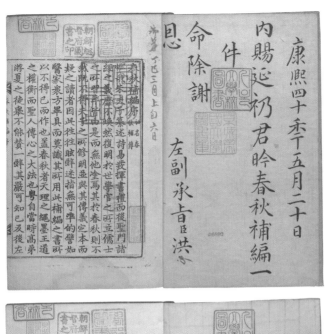

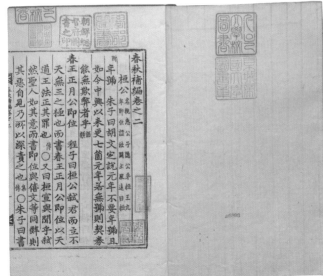

『춘추보편』, 내사기(위)와 〔延礽君房〕, 규장각한국학연구원.

은 영조는 두 번째 장의 하단에 〔연잉군방〕을 찍었는데, 아마도 첫 장의 〔선사지기〕를 삼가는 의미일 것이다. 제2책에는 첫 장 하단에 〔연잉군방〕을 찍었다. 숙종이 연잉군에게 내사한 서책이 효장세자에게 내려지고 다시 정조에게 이르기까지 향유되었음을 알 수 있다.

『일한재소재책치부』에는 서화로 병풍과 족자를 만들기 위한 선조·효종·숙종의 어필을 비롯해 인목왕후仁穆王后와 정명공주貞明公主의 필적도 있다. 일반 서화가의 작품으로는 윤두서의 「수묵인물도水墨人物圖」와 이명욱의 「구리산십면매복도九里山十面埋伏圖」 등이 수록되었다. 이 책치부에 있는 서책과 서화들은 일한재에서 영조가 열람하며 완상했던 것임을 알 수 있다.

특히 「인목왕후어필초질족자」「정명공주필적」「구리산십면매복도」는 숙종이 열람하고 제시題詩를 남긴 작품으로, 궁중에 수장되었던 서화를 연잉군에게 전수한 것은 후계자로서 계승을 간접적으로 표방하는 행위였다고 할 수 있다.[4] 영조는 즉위한 후 숙종이 제시한 서화를 감상하고 차운함으로써 선왕의 정통성을 계승했음을 드러냈다.

효장세자는 1727년 3월 입학의를 거행하고, 9월에 관의冠儀를 행하였으며 조문명의 딸을 맞아 가례를 올렸다. 그러나 이듬해인 1728년 11월 16일 창경궁 진수당에서 세상을 떠났다. 영조의 둘째 아들이자 정조의 생부인 사도세자(1735~1763)는 1735년 1월 21일 후궁 영빈 이씨가 창경궁 집복헌集福軒에서 낳았다. 효장세자를 일찍 잃었던 까닭에 사도세자의 탄생은 영조를 기쁘게 했고 이듬해 3월 15일 세자로 책봉되었다. 1743년 3월 사도세자는 창경궁 시민

당時敏堂에서 관의를 행하고, 1744년 1월 홍봉한의 딸을 맞아 가례를 올렸다.

규장각한국학연구원에 현전하는 『소학제가집주小學諸家集註』는 무늬가 없는 남색 비단인 주紬로 책의를 만들고, 흰색 주의 장제목長題目 둘레를 붉은 주로 두른 왕실 서책의 장황을 갖추었다.[5] 이 책의 공격지 앞면에는 '대내에서 소학 한 건을 준다. 내가 즉위하고 열두 해인 병진년 정월 21일은 세자의 돌이다'라고 영조가 쓴 내사기에 [선사지기]가 찍혀 있다.[6] 병진년은 1736년으로 이해 1월 21일에 첫돌을 맞이한 사도세자에게 영조가 책을 내린 것이다.

사도세자는 대리청정을 행하던 1753년 9월 22일 첫돌을 맞은 정조에게 이 책을 내려주었다. 사도세자는 공격지 뒷면에 '계유년 9월 22일 대조께서 나의 첫돌에 주신 책을 원손元孫의 첫돌에 전해준다. 후세에 영원히 전해지기를'이라고 적었다.[7] 영조가 공격지 앞면에 먼저 내사 기록을 남겼고 이어 뒷면에 사도세자가 내사하는 사연을 적었다. 사도세자는 다시 앞쪽 면지에 '소지小識'라고 적고, 그 아래 '성상께서 내게 주신 것을 내가 원손에게 전하니, 나의 첫돌과 원손의 첫돌에 모두 이 책을 쓰네. 흘러온 그 세월이 18년이니, 오늘에야 이때를 술회하노라'라는 칠언절구七言絶句를 남겼다.[8]

숙종은 1694년에 지은 「어제소학서」에서 '옛사람은 8세가 되면 반드시 이 책을 받았으니, 바로 삼대三代에 사람을 교육했던 법이었다'라고 했다. 이듬해인 1695년 3월 세자인 경종의 입학의를 거행했으며, 고례古禮에 따라 세자는 『소학』을 받았다. 입학례는 군신이 모두 참여한 자리에서 세자와 군신 관계를 확인하는 상징을 지닌 의

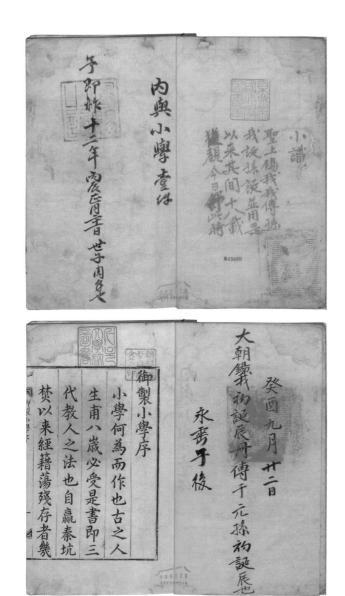

『소학제가집주』, 영조의 내사기와 사도세자의 소지(위),
사도세자의 칠언절구, 규장각한국학연구원.

례였다. 사도세자도 7세가 된 1742년에 입학의를 거행했고 이때 『소학』을 강독했다. 『소학』 강독은 왕위 계승자로서 훈련 과정에 첫발을 내딛는 것으로 군주의 성학聖學을 바라는 신료들의 여망에 부합하는 것이었다.9

영조가 책을 읽을 수도 없는 첫돌의 원자元子에게 『소학』을 내려준 것은 교육이 목적이라기보다는 왕위 계승을 표상한다는 의미를 지닌다. 이는 당시 영조가 처한 정치 상황과 맞닿아 있다. 1728년 3월에 일어난 무신란戊申亂과, 11월 효장세자의 요절은 영조의 왕통을 위협했다. 사도세자가 태어나자 만 1세의 원자에게 『소학』을 내려주고, 이어 세자로 책봉한 것은 자신의 왕통을 확증하려는 행동이었다. 영조의 『소학』은 숙종에서 경종을 거쳐 자신에게 내려온 왕통을 사도세자에게 전수하고 다시 세손에게 전수시킴으로써 왕통을 확증하는 매개로서 이와 같은 사연을 남기게 되었다.

국왕과 신하의 화답, 갱재축

조선시대 왕실에서 기념할 만한 특별한 사안이 있을 때 국왕은 이를 기념하는 시를 지어 신하들에게 내려주었다. 신하들은 어제에 차운次韻해 시를 지었는데 이를 갱재賡載 또는 갱운賡韻이라고 하며, 국왕에게 화답으로 올린 시를 갱진시賡進詩라고 한다. 가장 오래된 것은 순舜임금이 지은 칙천가勅天歌에 화답한 고요皐陶의 갱재가이다. 국왕과 신하는 같은 운을 가지고 시를 짓는 과정에서 당면한 사안에 대한 감회를 공유하면서 군신 간의 결속을 다졌다.

정조는 즉위한 이후부터 경사가 있을 때나 행차를 나가 잠시 쉴 때마다 시를 짓고 신하들에게 화답하게 했다. 이렇게 지어진 시를 모아 내각에서 연도순으로 분류해 편찬한 것이 갱재축賡載軸이다. 정조는 갱재축을 찍어내 갱운한 신하에게 반사하고 서고西庫에 열건, 다섯 곳의 사고와 내각 및 외각 등에 보관하는 것을 정식으로 삼았다.[10] 『강희자전』을 자본字本으로 만든 목활자인 생생자生生字를 가지고 1795년 9월 15일 『지희갱재축志喜賡載軸』을 찍어내 반사하고 서고 등에 보관했다.[11] 11월 1일에는 「보감찬집청갱재축寶鑑纂輯廳賡載軸」부터 「환묘팔회갑지경련운축桓廟八回甲志慶聯韻軸」까지 합편한 1책, 「내원상화갱재축內苑賞花賡載軸」과 「세심대갱재축洗心臺賡載軸」을 합편한 1책을 『갱재축』이라는 서명으로 인출해 반사했다.[12]

「내원상화갱재축」은 정조가 1788년 처음으로 규장각의 각신들과 내원에서 꽃을 감상하고 낚시하면서 화답한 시인데 '화花'자字를 뽑아 칠언절구七言絶句로 화답했다.[13] 이 모임은 각신이 주관해 이루어졌으며 각신이 아닌 사람은 참여하지 못하는 것이 규례였다. 1792년에는 참여 인원을 확대해 각신들의 자식과 조카까지 29명이 '조藻'자로 연구聯句를 지었다. 1793년에는 '난정계蘭亭稧'의 시 여섯 구를 모아 시 두 편을 만들고 참여자들이 자신 있는 것으로 갱진하게 했다. 1794년에는 오언五言과 칠언七言의 근체시近體詩 각 한 편씩을 화답했고, 1795년에는 '대臺'자로 칠언절구를 지어 화답했다.[14]

「내원상화갱재축」과 같이 몇 해에 걸쳐 같은 주제로 작성된 갱재축이 있는 반면, 「보감찬집청갱재축」과 같이 1781년 13조朝의 『국

조보감』을 편찬하는 과정에서 한 번만 제작한 갱재축도 있다. 이 갱
재축이 탄생하게 된 연유를 정조는 다음과 같이 밝혔다.

> 신축년 8월에 선대왕先大王의 실록이 완성되었고, 열성조列聖朝의 보
> 감도 완성을 앞두고 있었다. 나는 여러 신하들이 밤낮으로 편찬하느
> 라 수고한 것을 생각해 특별히 사관을 보내 선온하고, 이어서 오언
> 근체시五言近體詩를 내려주었는데 갱재한 이는 열다섯 명이다.[15]

여기서 선대왕의 실록은 1781년 7월에 완성되어, 6일에 실록청
에서 춘추관 사고에 봉안한 『영조실록』을 말한다. 1780년 5월 11일
『영조실록』의 편찬이 속히 완료되지 않자, 정조는 실록이 완성된 뒤
에는 선조先朝의 보감을 차례로 편찬해야 하므로 성실히 전념할 것
을 독려했다. 이처럼 정조가 실록의 완성을 독려한 것은 이미 보감
편찬을 염두에 두었기 때문이다. 실록은 사고에 봉안해 영구히 보
존하는 것이기에 비록 『영조실록』이 완성되어도 국왕을 비롯한 사
람들은 열람할 수 없었다.

정조는 『국조보감』의 체재가 주로 성덕盛德을 기록하기 때문에,
선왕의 업적을 알리는 방법으로 『국조보감』의 편찬이 가장 효과가
크다고 판단했다. 『국조보감』을 편찬해 모든 이들이 열성列聖의 위
대한 공덕을 열람할 수 있도록 하려는 것이다. 드디어 7월 10일 『국
조보감』을 편찬하기 위해 임시 관청인 찬집청을 설치했다. 창덕궁
내의 예문관에는 내찬집청內纂輯廳을, 돈화문 밖에 위치한 관상감에
는 외찬집청外纂輯廳을 두어 이원 체계로 운영했다. 이렇게 운영한

까닭은『국조보감』은 실록을 대상으로 열조의 공덕을 뽑아내는 초출抄出 작업을 통해 편찬되기 때문이다.

1781년의『국조보감』은 정조 이전의 13조 보감 가운데 영조의 보감을 먼저 편찬했다. 영조의 보감은 7월 12일부터 시작해 8월 18일까지 편찬 작업을 진행했다. 8월 2일에는 춘추관 사고에 봉안되어 있던『인조실록』『효종실록』『현종실록』『경종실록』을 예문관으로 옮겨와 편찬을 시작했다. 8월 4일부터는 찬집당상 1원과 낭청 3원이 돌아가며 찬집청에 입직해 작업했다.

정조는 즉위 후 자신이 영조를 비롯한 선왕들의 유일한 정치적 계승자라는 위상을 지속적으로 확인하고 대내외에 과시하는 방법을 강구했다. 정조가 '계지술사繼志述事'를 표방해 거행한 사업들은 이런 배경에서 추진된 것이었다. 특히 1781년은 숙종이 태어난 지 2주갑周甲이 되는 동시에 영조가 왕세제王世弟로 책봉된 지 1주갑이 되는 해다. 정조는 이해에 계지술사를 표방한 여러 사업을 추진했는데, 검암黔巖에 영조와 관련된 사적을 적은 비를 세우고 직접 기적비문紀蹟碑文을 지었다. 또한 10년마다 어진을 모사했던 영조의 규례를 따라 김홍도에게 어진을 그리게 해 규장각에 봉안했다.[16]

정조는 이런 배경에서『국조보감』의 편찬을 추진했고, 그것이 실현되는 8월에 깊은 감회를 느꼈을 것이다. 8월 5일 저녁 정조는 내찬집청인 예문관에서 수고하는 찬집청 관원에게 음식을 내려주었다. 정조는 선온과 함께 오언근체시와 소서小序를 내리고 찬집당상들에게 갱진하라고 명했다. 그리고 이것을 판각해 예문관에 걸어 후대에 전하게 할 것이니 시를 잘 지어 올리라고 했다.[17]

정조가 지은 시는 '열성조의 훌륭한 덕에 대한 일 아아 잊을 수 있으랴, 비록 명산에 비장한 것이 있으나 오직 상세한 보감을 의지할 뿐이네, 여러 신하는 선왕의 모습을 찾고 소자는 선왕을 그리워하는 마음 깃드네, 하나로 합한 책을 완성한 뒤에는 다스리는 계책 만세토록 영원하리라'라는 내용으로, 짝수 구의 마지막 글자인 '망忘·상詳·장墻·장長'이 압운이다.[18] 찬집당상들은 이 압운에 차운하여 시를 지어 올렸다. 어제 시에 갱진한 찬집청 신하는 총재대신인 영중추부사 김상철을 시작으로 서명응·이복원·조준·김익·서호수·이명식·김노진·서유린·정창성·홍양호·이병모·심염조·정지검으로 열네 명이다. 여기에 별겸춘추인 정동준과 김재찬·서용보가 함께 갱진해 모두 열일곱 명이다.

8월 13일 어제를 새긴 현판이 이미 완성되어 정조는 별겸춘추를 겸대하고 있는 규장각 직각直閣이 받들어 예문관에 걸도록 명했다. 이어 찬집당상들도 함께 배진하도록 명하여 현판을 용정龍亭에 싣고 수행했다. 정조는 찬집청 당상과 낭청들의 노고를 위로해 14일부터 16일까지 휴가를 주고 17일부터 더욱 정진할 것을 당부했다.[19] 이날 예문관에 걸 현판은 규장각에서 새기는 중이라는 김재찬의 보고는 갱진시를 새기는 현판으로 생각된다.[20] 이로 미루어볼 때 어제시와 갱진시는 별도의 현판에 새겼음을 알 수 있다.

이 사실을 증명해주는 현판의 탑본搨本이 규장각한국학연구원에 현전하는 『보감찬집청갱재첩寶鑑纂輯廳賡載帖』이다. 이 탑본은 건乾·곤坤 두 책으로 장책했다. 건책에는 정조의 소서와 오언근체시가 실려 있는데 양각으로 새겼다. 곤책에는 「찬집제신갱진시纂輯諸臣賡進

詩」라는 제목 아래에 김상철의 시부터 서용보의 시까지 열일곱 개의 시를 음각으로 새겨 정조의 시와 구별했다. 이첩에서 정조 어제는 갱진에 참여한 원임 규장각대교이자 별겸춘추인 정동준이 썼다는 사실을 건책에 밝혀놓았다. 해당 현판이 현전하지 않는 상황에서 이 탑본은 여타 기록에서는 알 수 없었던 사실을 담고 있는 자료로서 가치를 지닌다.

『보감찬집청갱재첩』은 13조의 공덕을 수록한 『국조보감』이라는 왕실 서책을 편찬하는 과정에서 탄생했다. 『국조보감』의 편찬을 위해서는 주요 자료인 실록의 완성이 전제되어야 했다. 따라서 『영조실록』이 완성되자마자 정조는 계지술사를 표방하며 13조에 해당되는 방대한 『국조보감』 편찬 사업을 추진했다. 정조는 그토록 이루고자 갈망했던 목표를 수행하는 과정에서 애쓰는 찬집청 신하들과 시로 화답하면서 공동체 의식을 형성했다. 이들에게 『보감찬집청갱재첩』은 13조 『국조보감』이라는 왕실 서책을 기념하는 장치로 작용했을 것이다.

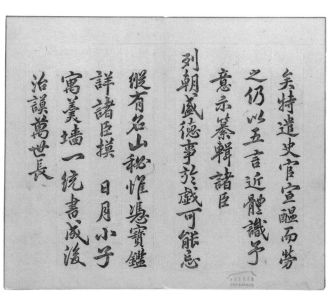

矣特遣史官宣醞而勞
之仍以五言近體識予
意示纂輯諸臣
列朝盛德事於戲可能忘
縱有名山祕惟憑寶鑑
詳諸臣摸　日月小子
寓羹墻一統書成後
治謨萬世長

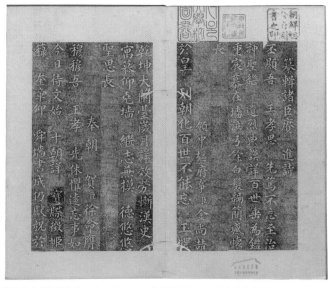

『보감찬집청갱재첩』, 정조의 오언근체시(위)와 찬집제신갱진시,
규장각한국학연구원.

왕릉까지 따라간 서책

현전하는 고대 책의 실물은 근래의 고고학적 발굴 성과로서 옛 무덤의 부장품으로 우연히 출토된 것에 불과하지만, 적어도 그런 우연이 일어나기 위해서는 2000년 이상 전부터 이미 장서藏書의 개인 소장이 가능했어야 하며 지배 계급 내부에서도 그것이 결코 예외적인 일이 아니었어야 한다.[21] 현전하는 최고最古의 책은 1993년 중국 호북성 형문시荊門市 곽점郭店에 위치한 초楚나라 묘에서 출토된 일군의 죽간을 들 수 있다. 이 죽간은 도가와 유가의 책으로 구성되었으며, 묘제墓制의 특징으로 볼 때 기원전 4세기 말부터 3세기 초반의 사士 계층에 속한 사람의 묘로 추정된다. 이 무렵이 되면 왕후나 대부뿐 아니라 지배 계급 일반인도 죽간으로 된 책을 소유할 수 있게 된 것이다.

조선의 사대부로 1586년에 사망한 이응태李應台의 무덤에서 아내인 원이 엄마의 한글 편지가 미투리와 함께 1998년에 안동시의 택지 개발 과정에서 발굴되었다. 부장품으로는 이응태의 형과 아버지가 쓴 글과 여러 옷 등 70여 점이 출토되었으나 서책은 없었다.

그렇다면 조선 후기의 왕릉에는 부장품으로 서책을 묻었을까. 이 사실은 1698년 11월 24일 숙종이 왕릉의 석물과 부장품에 대해 내린 전교에서 알 수 있다.

능위의 석물石物은 후릉厚陵의 사례를 따르는 것이 내가 평소 생각했던 것이다. 따라서 이번과 이후에도 모두 이 규정에 따르라고 하교했다. 서책과 의복을 퇴광退壙에 넣는 것이 비록 전례前例이기는 하지만, 옛일로 말한다면 한문제漢文帝의 패릉灞陵만이 홀로 도굴의 화를 면했으며, 임진란에 선릉宣陵과 정릉靖陵은 망극한 변을 당했다. 지금부터 이후에는 퇴광에 넣지 않는 것이 좋겠다.[22]

숙종의 전교는 노산군魯山君의 복위에 따른 의례 절차를 논의하는 과정에서 내린 것이다. 정종과 정안왕후의 후릉은 다른 왕릉에 비해 석물의 규모를 작게 제작했다. 숙종은 1593년 왜적이 선릉과 정릉을 파헤쳐 재앙이 재궁梓宮까지 미친 사실을 언급하며 서책과 의복을 넣지 말라고 하교했다. 이에 따라 숙종이 승하한 후 조성한 명릉明陵에는 서책을 넣지 않았다.

숙종은 왕릉에 서책을 부장하는 것이 예로부터 내려온 관습이라고 했다. 국왕이 승하하면 5개월 내 발인해 국장을 치르고 왕릉을 조성했다. 국왕의 시신과 함께 퇴광에 묻는 부장품은 그릇·병기·악기에 해당되는 명기明器가 있고, 의복과 화장 도구로 쓰는 복완服玩이 있다. 명기와 복완은 국왕이 승하하면 설치하는 국장도감國葬都監의 이방二房에서 담당했다. 퇴광에 넣은 서책은 현전하는 『국장도감이방의궤』에서 그 존재 여부를 알 수 있다.

표 34 17~18세기 왕릉 봉안 서책

국왕	능호	승하 일자	국장도감의궤	산릉·천릉도감의궤	봉안 서책궤
선조	목릉穆陵	1608.2.1	奎14861-1, 2	奎13515·奎15070	서책궤 1
인조	장릉長陵	1649.5.8	奎13521	奎15074·奎14597	서책궤 1
효종	영릉寧陵	1659.5.4	奎13527-1, 2	奎15075·奎13532	서책궤 1
현종	숭릉崇陵	1674.8.18	奎13539	外奎39[23]	서책궤 2
숙종	명릉明陵	1720.6.8	奎13548-1, 2	外奎105	
경종	의릉懿陵	1724.8.25	奎13566	外奎116	어서궤 1
영조	원릉元陵	1776.3.5	奎13581	奎13586	어제함 2·유서함

17~18세기 선조부터 영조까지 6기 왕릉에 넣은 서책은 의궤에 기록된 '서책궤書冊樻'라는 용어로 그 존재를 확인할 수 있다. 경종의 의릉에는 어서궤御書樻로, 영조의 원릉은 어제함御製函과 유서함遺書函으로 표기했다. 의릉에는 경종이 평소 소중히 간직하며 보물처럼 완상했던 숙종의 어필을 퇴광에 넣었다.[24] 경종이 열람했던 일반 서책이 아니라 숙종의 어필을 담았기에 어서궤로 표기한 것이다.

영조의 원릉에 넣은 어제함과 유서함에는 어떤 서책이 있었을까. 영조는 1758년 흉례를 개정한 『국조상례보편』을 편찬해 불필요한 부장품의 종류를 없애고 수량을 줄였다. 1776년에 정조가 주관해 거행한 영조의 국장은 『국조상례보편』에 따라 처음으로 치른 국왕의 장례다. 이후 『국조상례보편』은 조선 후기 흉례를 거행할 때 전범典範으로 활용되었다.

『영조국장도감이방의궤』의 복완질服玩秩에는 복완함에 넣은 면

복제구冕服諸具·소함梳函·경함鏡匣·어압각궤御押刻橫·표신궤標信橫가 있으며, 여기에 '어제 17권御製十七卷'과 '소학 5권小學五卷'이 포함되어 있다.[25] 부장품은 같은 종류나 같은 재료로 만든 것끼리 모아 하나의 함궤에 넣고, 퇴광에 배치한 석함石函 안에 그 함궤를 넣는다. 석함은 산릉도감山陵都監의 대부석소大浮石所에서 부장품을 담당하는 국장도감에 함궤의 크기를 문의해 제작했다. 결국 부장품을 어떤 함궤에 넣었는지에 대한 정확한 사실은 석함의 명칭과 크기를 통해 확인할 수 있다.

원릉의 대부석소에서 제작한 석함에는 복완함과 별도로 어제함 2부와 유서함遺書函이 있다.[26] 복완질에 포함되어 있던 어제 17권은 어제함 2부에 담고 소학 5권은 유서함에 담았다. 여기에서 주목할 것은 소학이 '유서遺書'라는 사실이다. 『국조상례보편』에서 유서에 대한 내용은 발인의發引儀 항목에서 찾을 수 있다. 발인 행차에 필요한 표신·유서·유의는 발인 때 대내에서 내주며 유서와 유의는 함에 담아 내준다.[27] 발인 때에 대내에서 내주는 유서는 왕릉에 봉안하는 서책으로 '퇴광봉안유서退壙奉安遺書'로 지칭한다. 이때의 유서는 유언을 적은 글을 의미하는 것이 아니라 선왕이 평소 가까이 두고 열람했던 서책을 말한다.

유서를 비롯한 부장품은 재궁을 실은 대여와 함께 산릉으로 출발하는 발인 행차를 따라 왕릉으로 향한다. 국장의 발인 행차를 그린 「발인반차도發靷班次圖」는 『영조국장도감의궤』의 '일방의궤一房儀軌'와 '이방의궤二房儀軌' 사이에 수록되어 있다. 발인 행차는 여타의 행차와는 다르게 삶과 죽음, 길吉과 흉凶을 동시에 보여주는 특

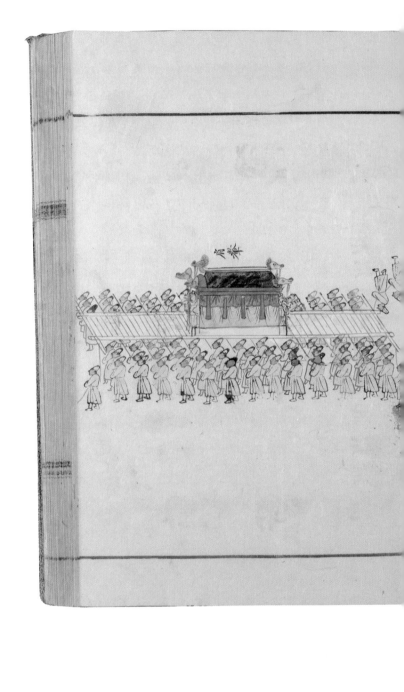

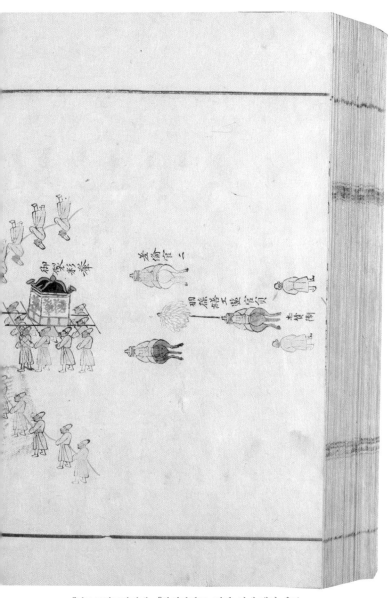

『영조국장도감의궤』, 「발인반차도」 견여, 어제 채여, 우보,
규장각한국학연구원.

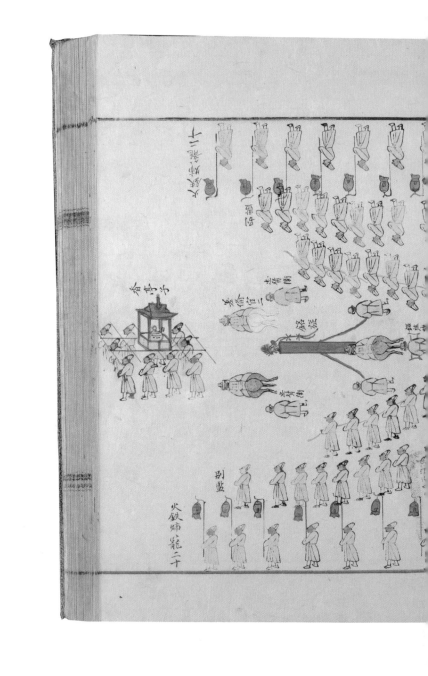

『영조국장도감의궤』, 「발인반차도」 향정자, 명정, 대여, 규장각한국학연구원.

징을 지닌다. 발인 행차에서 길의장은 국왕의 존재를 표상하며 흉의장은 승하를 표상하며 공존했다.[28]

영조 국장의 발인 반차에서 부장품은 흉의장을 비롯해 국장을 상징하는 의물儀物의 대열에서 중앙에 위치한다. 그 대열은 '부장품 채여彩輿 7부·가자架子 2부, 견여肩輿, 어제御製 채여, 우보羽葆, 향정자香亭子, 명정銘旌, 대여大輿'의 순서다. 원릉에 봉안할 서책은 다른 부장품 채여와는 떨어져 견여와 우보 사이에 배치된 어제 채여에 실었다. 이렇게 배치한 것은 4월 12일 정조가 퇴광에 봉안할 『열성어제』 궤를 채여에 실어 우보羽葆 앞에 두라고 분부했기 때문이다.[29]

우보는 흰 거위 깃털로 층층이 꿰매어 일산처럼 만들어 대나무 장대에 단 것으로, 대여를 메고 가는 사람들을 지휘하기 위한 깃대다.[30] 정조는 대여의 등장을 예고하는 우보 앞에 어제 채여를 배치함으로써 군사君師의 삶을 상징하는 의물로서 주목받을 수 있게 했다.

왕릉에 봉안한 서책은 국장도감이나 산릉도감 의궤를 통해 존재 여부는 알 수 있지만 제작 과정이나 구성에 대한 정보는 찾기 어렵다. 도감의 주요 업무는 국왕이 승하한 후 5개월 내에 산릉을 조성하고 재궁과 발인 의장 등을 마련하는 것이었기 때문이다.

정조가 주관해 원릉에 봉안한 어제 17권은 ㉠『열성어제』 12책, ㉡석판본 『영묘어필英廟御筆』 1책, ㉢목판본 『영묘어필』 1책, ㉣어제 등사본謄寫本 3책으로 구성되었을 것이다. ㉠은 1776년 5월 교정청校正廳에서 활자로 간행한 『열성어제』 23책에서 영조 어제 '목록

3(1책), 권18~권37(10책), 별편 권3(1책)'에 해당하는 12책이다.[31] ㉡
과 ㉢의 영조 어필은 돌에 새겨 음각으로 인출한 본과 책판에 새겨
양각으로 인출한 본이다. 대부석소의 '석함척량石函尺量'에 어필을 어
제함에 넣었다고 기록한 것은 ㉡과 ㉢을 지칭한다. ㉣은 미처 활자
로 간행하지 못한 어제를 등사한 것이다.[32]

의궤에서 어제로 통칭한 ㉠~㉣은 정조의 명으로 남대단藍大緞
책의로 장황한 후 홍대단紅大緞 보자기에 싸서, 주칠朱漆하고 용을
그린 궤에 담아 빈전殯殿에 봉안했다가 발인 때에 어제채여에 실어
왕릉으로 운반했다.[33] 정조가 주관해 영조의 어제와 어필의 간행본
을 원릉에 넣은 것은 다른 왕릉에서는 찾을 수 없는 사례다.

어제를 남대단으로 장황한 것과는 달리 정조는 원릉에 봉안할
『소학』을 고정지藁正紙로 개장改粧하라고 명했다. 고정지로 개장한
책의의 뒷면은 백지白紙로 배접하고 배접한 백지가 보이지 않도록
붙이는 면지面紙는 후백지厚白紙를 사용했다. 이렇게 고정지로 책의
를 바꾼 『소학』을 홍진사紅眞絲로 묶고 제목을 적었다.[34] 서책을 고
정지로 개장한 사례는 진강進講 서책에 대한 『홍문관지弘文館志』의
규정에서 연유하는 것으로, 국휼을 당하면 책의를 고정지로 바꾸
고 홍사紅絲의 책사를 청사靑絲로 개장한다는 것이다.[35] 이것은 마
치 상주가 상복을 입는 것처럼 서책도 소색素色으로 바꿔 입는 것
이다.

영조는 숙종의 명에 의해 13세에 처음으로 사부 곽시징에게서
『소학』을 배웠다. 이후 왕세제에 책봉되면서 서연에서 처음으로 강
독한 교재가 『소학』이었다. 영조는 즉위 후 만년까지도 『소학』 공부

의 중요성을 강조하면서 치국과 평천하의 근본을 『소학』에서 찾았다.[36] 이에 정조는 효종의 영릉에 『심경心經』을 묻었던 고사를 본받아 원릉에 『소학』을 봉안했다.[37] 영조의 삶에서 『소학』은 아주 특별한 책이었기에 현궁玄宮에서도 볼 수 있도록 넣은 것이다. 원릉에 봉안한 책은 1744년 1월 선정전宣政殿에서 훈의訓義한 6권 5책의 『소학제가집주』다. 이 책은 세종 연간에 『자치통감강목』에 훈의를 달아 '사정전훈의思政殿訓義'라고 칭했던 고사를 따라 '선정전훈의宣政殿訓義' 또는 '훈의소학訓義小學'이라 불렀다.

1800년 6월 28일 승하한 정조의 왕릉은 현륭원 제2청룡 밖에 위치한 옛 강무당講武堂 터 뒤에 조성한 건릉健陵이다. 국장도감은

『정조천봉도감의궤』, 「진발반차도」 서책가자, 규장각한국학연구원.

11월 3일에 창경궁 환경전歡慶殿에 마련한 빈전에 봉안했던 정조의 재궁을 산릉으로 향하는 발인을 거행했다. 국장도감의 일방一房에서는 부장품의 수효에 따라 발인 반차에 필요한 요여와 채여를 제작했다. 일방에서 제작한 채여에는 어제를 실을 채여 1부가 있었으나 「발인반차도」에는 그 모습이 없다. 의궤에는 어제 채여 1부를 이번에 만들었으나 사용하지 않았다고 기술했다.[38] 그렇다면 건릉에는 봉안 서책이 존재하지 않았던 것일까.

1800년에 조성된 건릉은 1821년 3월 정조의 비 효의왕후孝懿王后의 승하로 인해 왕릉을 옮기게 되었는데 이를 천릉遷陵 또는 천봉遷奉이라고 한다. 9월 6일 건릉의 현궁을 열었고, 9월 12일 현륭원의 동강에서 서강으로 이동하는 행렬을 그린 것이 『정조천봉도감의궤正祖國葬都監儀軌』의 「진발반차도進發班次圖」다. 1800년의 국장에서 건릉에 봉안했던 서책은 1821년에 건릉을 천봉할 때의 「진발반차도」에서 서책가자書冊架子 3좌로 그 존재를 드러냈다.

이렇게 건릉에 봉안했던 서책을 발인반차에서 볼 수 없었던 까닭은 무엇일까. 그 배경은 10월에 이조에서 국장도감에 올린 첩정牒呈을 통해 알 수 있다.[39] 이조에서 발인할 때 필요한 차비관을 추가로 마련하려는 명단을 국장도감에 첩정으로 보고했다. 그 중 어제궤御製樻 차비는 검서관檢書官이 내각에서 거행해 기일 전에 능소로 바로 나아간다고 알렸다. 규장각 검서관이 어제궤를 담당해 발인 전에 능소에 도착했기 때문에 「발인반차도」에 어제채여는 등장하지 않았던 것이다. 그렇다면 가자 3좌에 실어 건릉까지 따라간 서책들은 무엇이었을까.

『정조건릉산릉도감의궤正祖健陵山陵都監儀軌』의 「퇴광배설도退壙排設圖」에는 발인반차에 등장했던 부장품과 함께 '경서經書 3, 전서全書 6, 수권手圈 1'이 배치되었다. 이를 통해 건릉에 봉안한 서책은 『경서』와 『전서』 그리고 『수권』이었음을 알 수 있다. 「퇴광배설도」의 다음 면에는 부장품을 넣을 석함의 크기를 수록했는데 여기에 서책의 석함은 빠져 있다.

정조는 1776년 모훈謨訓과 어진御眞을 봉안하기 위해 규장각을 건립했고 규장각 관원의 가장 큰 직무는 어제를 편차編次하는 것이다.[40] 1800년 8월 22일에 국장도감은 퇴광에 봉안할 어제 책에 필요한 물품을 규장각에서 맡아 미리 준비하도록 순조에게 보고했

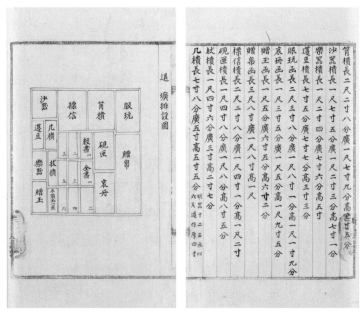

『정조건릉산릉도감의궤』, 「퇴광배설도」, 규장각한국학연구원.

다.[41] 규장각에서 마련할 물품은 어제를 장황할 비단과 어제를 담을 비단 보자기, 책갑冊匣과 궤 등이었다. 규장각 건립 이전에는 국장도감에서 마련한 물품을 건릉에서는 어제의 봉안을 주관하는 규장각에 위임한 것이다.

국장도감의 이방에서 부장품을 담는 궤함을 '궤함질樻函秩'에 제시했는데 여기에 어제궤御製樻를 수록했다. 어제궤는『어제』120책을 담은 6함,『수권』12책을 담은 1함, 새로 간행한『삼경사서』50책을 담은 3함으로 모두 10함이었다.[42] 건릉은 내각에서 회함을 제작해 총 182책을 회함灰函 10부에 나누어 담았다. 회함 하나에는 석회石灰 43두斗와 백지白紙 70장, 법유法油 5두가 들어가며 이를 고루 찧어 책갑을 만들고 뚜껑도 만들어 덮었다. 건릉은 국장도감에서 서책궤를 제작하면 궤의 크기에 맞춰 산릉도감에서 석함을 만들었던 전례에서 벗어난 것이다.

건릉에 봉안한 서책은 책수冊數와 문헌 기록에 근거해 현전하는 서책과 비교하면 어떤 판본인지 알 수 있다. 새로 간행한 50책의『삼경사서대전』은 1793년 4월 15일 인출 작업을 시작해 이듬해인 1794년 1월 24일에 마쳤다.[43]『삼경사서대전』의 인출을 완료한 1794년의 간지는 갑인甲寅이었다. 정조는 이 갑인년을 세종이 1434년에 20여만 자를 주조한 갑인자甲寅字와 연관해 의미를 부여했다. 정조는 동궁으로 있을 때 갑인자를 본으로 교서관에서 15만 자를 주조해 보관하게 했는데 이것이 임진자壬辰字로『삼경사서정문三經四書正文』등을 인출했다. 정조는 즉위년에 다시 갑인자를 본으로 15만 자를 주조해 내각에 보관하게 했는데, 이것이 정유자丁酉字

로『당송팔자백선』등을 인출했다.

정조는 자신이 두 번째로 주조한 정유자를 가지고 갑인년에『삼
경사서대전』을 인출한 것에 대해 남다른 감회를 느꼈다. 교서관에
서『삼경사서대전』을 바친 1월 24일 정조는『삼경사서대전』한 본
을 주합루에 보관하도록 명했다. 그리고 각신閣臣에게 "『삼경사서대
전』을 잘 간수하라. 옛날 영릉에는『심경』을 순장하고, 1776년 영조
의 원릉에는『소학』을 순장했는데 내가 앞으로 그 뜻을 계승하려는
것이다"라고 밝혔다.⁴⁴『삼경사서대전』은 정조가 왕릉 봉안 서책의
전례를 계승해 자신의 왕릉에 순장하려고 선택한 책이다.

『사부수권四部手圈』은 정조가 사부四部, 즉 '경부經部·사부史部·자
부子部·집부集部'에서 구절을 뽑고 비점批點과 권점圈點을 한 책이다.
정조는 이 책들의 좋은 구절에 청색의 비점과 붉은 색의 권점을
손수 쳤고 내각의 신하들에게 베껴내게 했다. 1798년 11월 30일
「삼례수권三禮手圈」「양경수권兩京手圈」「오자수권五子手圈」「육고수권
陸稿手圈」「팔가수권八家手圈」으로 구성된『사부수권』30권이 완성되
었다.⁴⁵

1801년 7월 19일 내각에서『어정사부수권御定四部手圈』25권
12책을 간인해 반사했다.⁴⁶ 건릉에 봉안한『사부수권』12책은 간행
본 25권 12책과 같은 권질로 구성된 필사본일 것이다.『사부수권』
은 전근대 학문의 총칭인 사부에서 정조가 구절을 뽑고 권점한 책
이라는 측면에서 주목된다.

건릉에 봉안한 정조의 어제는『홍재전서弘齋全書』120책이므로
회함 6부에 20책씩 나누어 담았을 것이다. 규장각에서 정조의 어

제를 편찬하거나 진상한 시기에 대한 문헌 기록과 해당 어제의 권질을 비교하면 건릉 봉안건을 유추할 수 있다. 정조가 1800년에 쓴 「홍우일인재전서장명弘于一人齋全書欌銘」의 서문에서 1799년 겨울에 각신들이 유별로 분류한 어제를 수정해 120권으로 만들어 선사繕寫해 올렸다고 했다. 『정조실록』에 의하면 1799년 12월 21일에 규장각에서 올린 어제 선사본은, 세자로 있을 때부터 1799년까지의 어제를 30목目 4집集의 체재로 완성했다. 이때의 어제는 191권인데 2본을 선사해 대내와 이문원에 봉안했다.[47]

실록 기사와 정조의 서문은 동일한 시기의 선사본으로 짐작되는데 왜 권수가 191권과 120권으로 다를까. 이 선사본은 수록 내용의 측면에서 보면 191권이며, 서책의 형태로 보면 120권으로 장책粧冊한 동일본이다. 이처럼 조선시대 기록에서는 챕터chapter를 의미하는 권과, 볼륨volume을 가리키는 책을 혼용하는 사례가 흔하다. 따라서 '권'이라고 기록한 것이 볼륨을 의미하는지 유의해야 한다.

1821년 9월 건릉을 천봉할 때 퇴광에 봉안했던 서책은 습기는 있었지만 훼손된 것이 없었고 회함도 흠이 없어 그대로 썼다. 1800년 국장에서 봉안 서책과 회함에 대해 의궤에 기록하지 않아 천봉할 때 어려움이 있었기에, 후대에 참고할 수 있도록 천봉할 때 회함과 책의 크기를 기록했다. 국장할 때 건릉 봉안 서책은 규장각에서 제작한 회함에 담아 퇴광에 배치했기 때문에 산릉도감에서 석함을 제작하지 않았다. 이런 사유로 건릉 봉안 서책은 산릉도감의 「퇴광배설도」에는 그려졌으나 석함 목록에는 없었던 것이다.

규장각이 주관해 건릉에 서책을 봉안한 사례는 19세기 왕릉 봉안 서책의 전례가 되었다. 이는 1864년 1월 2일 규장각에서 철종의 왕릉인 예릉睿陵에 봉안할 서책에 대해 고종에게 품의한 기사를 통해 알 수 있다.[48] 규장각은 먼저 정조·순조·헌종의 전례를 고종에게 아뢰고 예릉에는 어떤 책을 봉안할 것인지 물었다. 이어 어제를 선사하는 작업이 시급하니 대내에 보관한 철종의 어제를 속히 내려달라고 청했다. 고종은 1849년에 헌종의 왕릉인 경릉慶陵에 어제만 봉안했던 전례대로 거행하라고 명하고 대내의 어제를 내려주겠다고 하교했다. 이로 볼 때 철종 생전에 대내의 봉안 장에 있던 어제를 대상으로, 퇴광 봉안건의 선사繕寫 작업이 급히 진행되었음을 알 수 있다.

표 35 19세기 왕릉 봉안 서책

국왕	능호	승하 일자	국장도감의궤	산릉·천릉도감의궤	봉안 서책
정조	건릉健陵	1800.6.28	奎13634	奎13642·奎13659	弘齋全書 120冊· 四部手圈 12冊· 三經四書 50冊
순조	인릉仁陵	1834.11.13	奎13669	奎13678	御製(純齋稿) 10冊
헌종	경릉慶陵	1849.6.6	奎13784	奎13791	御製(元軒稿) 2冊
철종	예릉睿陵	1863.12.8	奎13844	奎13852	御製(中齋稿)

건릉이 전례가 되어 19세기 왕릉 3기에는 규장각에서 주관해 선사한 어제를 봉안했다. 규장각에서 만들어 건릉에 처음으로 사용한 회함은 인릉·경릉·예릉에서도 사용했다. 그러나 규장각이 아닌

국장도감에서 회함을 제작했고, 발인반차의 부장품 행렬과 함께 채여에 실어 산릉으로 운반한 것은 건릉과 다른 점이다.[49]

주註

1장 왕실 의례와 서책 편찬

1 『經國大典』,「用文字式」, "二品衙門直啓 中外諸將 承政院 掌隷院 司諫院 宗簿寺 亦得直啓 各司有緊事則提調直啓 大事啓本 小事啓目 外則無啓目 直行移(相考事 外皆啓) 其餘衙門 並報屬曹".

2 『璿源譜略改修時儀軌』(奎14017), 乙巳四月初三日, "今番工役之浩繁 比前無異 而 本寺堂上 俱以他公 故誠難專意於看檢 依前例 以精通譜法宗臣 句管堂上校正官 各出二員 使之專意修正".

3 『璿源譜略改修時儀軌』(奎14017), 乙巳四月初三日, "譜略修正之役 非惟事體之至 重 若無廳號 則句管堂上與校正宗臣 無有屬處有同冗官 一依庚辰己亥癸卯之例 以校正廳名號 擧行董役 而至於冗費之物 十分節省 以除經費一分之弊 未知 何 如"; 『璿源譜略修正儀軌』(奎14033), 九月二十二日, "啓曰 今此耆社大慶後 國朝御 牒及璿源譜略 設廳修正事命下矣 依前例校正廳稱號 而校讎編次之祭 亦有句管堂 上二員 校正官四員 宗班中差出之規 依例差下 與本寺提調郎廳 眼同董役 何如 傳 曰允".

4 『璿源譜略修正時儀軌』(奎14023), 同月二十六日 句管堂上 密陽君梡曰, "以私家 言之 族譜開刊 子孫莫不盡心 近來該曹稽緩莫甚 卽今本寺有空閑家舍 盡爲破落 窓戶破傷 房堗陷圮 及時修補 則可以始役 而戶曹無進排之事 文移往復 徒傷體貌 故敢達矣 上曰 璿源錄校正廳 事體重大 今判節目已下 各別申飭可也".

5 『璿源譜略修正儀軌』(K2-3846), 同日 校正廳節目, "一 各司進排官 或有怠慢之弊 是白去等 官員用粉牌進來 下人乙良 直囚治罪爲白齊".

6 『璿源譜略修正儀軌』(K2-3846), 同日 甘結, "典獄署刑房書吏實鎖匠 持笞杖枷 今 日爲始 限畢役待令事".

7 『璿源譜略改修時儀軌』(奎14017), "一 書寫加出忠義衛一人 依前例付軍職冠帶 常 仕爲白乎矣 與本寺忠義衛一人 一體眼同擧行爲白齊 一 本廳堂上郎廳 行用印信 各一顆 令該曹輸送爲白齊 一 堂上郎廳校正官 差祭安徐 凡公會勿參 除服制式暇 並令行公爲白齊 一 書吏庫직使令等段 以宗簿寺身役 使之兼察 守直軍士壹名 茶 母壹名乙良 令該曹限畢定送爲白齊 一 本廳堂上 間二日仕進 都廳郎廳校正官 逐 日仕進 每月晦日進不進單子入啓爲白齊 一 所入板子 依例令該司進排 公事白休紙

乙良 每朔貳斤式 黃筆伍柄 眞墨伍丁 亦令各該司進排爲白齊 一 冊子所入 紙地筆墨 與凡干應入之物 及鋪陳等物 依癸卯年例 並令各該司進排爲白齊 一 未盡條件乙良 追乎磨鍊爲白齊".

8 『승정원일기』, 경종 즉위년 8월 10일, "鑄字則元非久傳之道 以木板印出似好 而此非校書館所可循例擧行者 曾前璿源錄校正時設廳 而以校正爲號 今亦倣此 別設校正廳 差出郞廳 以爲趁卽刊出 爲宜 朝議則如此 故敢達 上曰 刊出 可也".

9 『國朝寶鑑監印廳儀軌』(奎14938), 辛丑七月十二日, '纂輯廳事目'.

10 『國朝寶鑑監印廳儀軌』(奎14938), 「國朝寶鑑纂輯事實」, 同月二十九日, "傳曰 寶鑑事體 視御製或譜略 反有重焉 文衡差出 跋文撰進 自是應行之事 況此寶鑑之書乎".

11 『國朝寶鑑監印廳儀軌』(奎14938), "太廟各室奉安 國朝寶鑑卷袟 各於終編末張 書纂輯臣姓名 而活字印".

12 『群書標記』二, 御定 二, '朱書百選', "鑄字所用丁酉字印頒 復命湖南嶺南關西營飜刻藏板".

13 千惠鳳, 『韓國 書誌學』, 민음사, 1997, 139쪽.

2장 책의 옷에 담긴 정보

1 朱賽虹, 『古籍修復技藝』, 文物出版社, 2001, 6~7쪽.

2 이욱, 「일제강점기 이왕직의 종묘 물품 관리」, 『藏書閣』 44, 2020, 300~302쪽.

3 『康熙四十八年十月日 赤裳山實錄曝曬時形止案』(K2-3749), "冊面 舊以恭靖王實錄標題 而丁亥史官疏請 以定宗恭靖大王 六字改題 上從之 同年十月曝曬時 賚來印本改爲貼付".

4 조계영, 「조선시대 실록부록의 편찬과 보존」, 『한국문화』 62, 2013, 174~177쪽.

5 朱賽虹, 『古籍修復技藝』, 文物出版社, 2001, 9쪽.

6 『睿製繕寫謄錄』(K2-3657), 壬辰十月初三日, "三件裹頭次 紅黃藍可只紬".

7 조계영, 「조선후기 睿製의 繕寫와 보존」, 『인문과학연구논총』 제28호, 2008, 116쪽.

8 조계영, 「조선후기 『列聖御製』의 編刊과 保存」, 『서지학연구』 44, 2009, 470쪽.

9 박병호, 「朝鮮時代 官文書 吏讀文章의 解釋試論」, 국어사학회 전국학술대회 발표집, 2010.

10 朱賽虹, 『古籍修復技藝』, 文物出版社, 2001, 7~8쪽.

11 千惠鳳, 『韓國 書誌學』, 민음사, 1997, 558쪽.

3장 책에 옷 입히기: 장황

1 『정조실록』, 정조 11년 10월 10일.

2 조계영, 「조선 후기 중국 서책의 수용과 형태 인식」, 『동아시아의 문헌 교류』, 소명출판, 2014, 15쪽.

3 李德懋, 『靑莊館全書』 卷之六十一 盎葉記 八, 「冊葉輕薄」.

4 『璿源譜略修正時校正廳儀軌』(K2-3845), '同月二十五日 甘結', "右甘結 今此譜略 開刊時 進上冊子衣次 入染次 草注紙參卷參張 頒賜貳百件衣次 楮注紙參拾伍卷 入染次受去事 戶曹 濟用監".

5 『景宗御製添刊時謄錄』(奎14202), 四月初六日 濟用監書員 年六十九, "白等 矣身亦 御製進上進獻 冊衣黃染次 草注紙三卷受去爲白去乎 今初九日內 精染來納爲白乎 矣 若有過限不精之弊 則依法治罪敎事".

6 『선원계보기략』의 경우 의지 10권마다 황염수 한 병 또는 한 병 반 정도가 들어 갔다. 『璿源譜略改張儀軌』(K2-3839), '五月初六日甘結', "大殿進上件 及東宮進獻 件 紙衣初再入染次 黃染水每十卷壹甁式五甁半".

7 『度支定例』(奎1856), 「校書館」, '冊匠所用', "御覽件冊衣次 黃染草注紙 以本館衣 紙進排 而不足 則長興庫進排" "頒賜件冊衣 以本館衣紙進排 而黃染水上下無遺 在則 使長興庫紙地推造 取用".

8 朱賽虹, 『古籍修復技藝』, 文物出版社, 2001, 7쪽.

9 『세종실록』권29, 세종 7년 8월 22일 무자. 『임원경제지』에서도 휴지는 글씨를 써 놓은 묵은 종이를 일컫는데 곧 버리는 종이라고 했다. 徐有榘, 『林園經濟志』, 「贍 用志」 卷二, 「塗料」 '壁塗', "休紙 俗呼書餘舊紙爲休紙 休猶棄也".

10 섭덕휘·박철상 역, 『서림청화』, 푸른역사, 2011, 517~519쪽.

11 「贍用志」의 원문에는 '艸褙'로 되어 있으며 이는 '初褙'를 지칭한다. 『林園經濟志』, 「贍用志」 卷二, 「塗料」 '壁塗', "休紙 俗呼書餘舊紙爲休紙 休猶棄也".

12 朱賽虹, 『古籍修復技藝』, 文物出版社, 2001, 8쪽.

13 이태우, 「능화판菱花板 연구」, 『면과 선의 세계』, 2001, 영남대학교박물관, 220~221쪽.

14 남권희, 「朝鮮時代 古書 表紙紋樣 變遷에 대한 연구」, 『고인쇄문화』 제11집, 2004; 南權熙, 「朝鮮時代 古書의 表紙紋樣 補稿」, 『古印刷文化』 第14輯, 2007.

15 『林園經濟志』 怡雲志 卷七, 圖書藏訪 下, 藏池, "造東本裝書秘法", "潔白紙裁 作 方冊大 染黃柏或槐子汁 裱褙晾乾 先用性堅理細之木 刻菱花或卍字或七寶紋 取 裱過紙 噴水微濕 覆板刻上 用蠟硏印 令極光滑 可鑿", 保景文化社 影印本, 1983.

16 영남대학교, 『면과 선의 세계』, 2001, 44쪽, "菱花板 文房中一物 而不可無者 夏正 戊申冬造成于竹下書室[翠竹藏書閣](4820)".

17 屈原, 『離騷』, "制菱荷以爲衣兮 集芙蓉以爲裳 不吾知其亦已兮 苟余情其信芳".

18 潘富俊 著, 『楚辭植物圖鑑』, 上海書店出版社, 2003, 49쪽, "春秋戰國時代 菱是士 大夫的服色象征 所以離騷才有制菱荷以爲衣兮".

19 『英宗實錄廳儀軌』(奎14171), 「校讐廳甘結秩」, '辛丑五月十七日', "右甘結爲 菱花 板畫出次 畫員一人 明日未明來待事 圖畫署".

20 『英宗實錄廳儀軌』(奎14171), 「校讐廳甘結秩」, '辛丑閏五月初二日', "右甘結爲 實 錄冊衣黃菱花推造時 油紙四張 手巾布四件 尾箒一柄 還下次進排事 長興庫 濟用 監 繕工監 造紙署".

21 조영준·최주희 역해, 『공폐』, 아카넷, 2019, 407~408쪽.

22 『度支準折』(古5127-3), 「木物」, "自作板 一立 長二尺 廣八寸 厚一寸 ○元米五斗 貿米四斗 校書 本館冊板及菱花板省記".

23 조계영, 「영조 연간의 『改修日記』와 일기청 운영의 실상」, 『奎章閣』 55, 2019, 70쪽.

24 朱賽虹, 『古籍修復技藝』, 文物出版社, 2001, 4쪽.

25 堀川貴司, 『書誌學入門』, 勉誠出版, 2012, 33쪽.

26 李德懋, 『青莊館全書』 卷之六十一, 盎葉記 八, '冊葉輕薄', "大繩如絃 五孔穿縛 兩夾糊傳 其堅如革 以爲累世之計 而墨浣油汚 破壞難久".

27 『璿源譜略改修時儀軌』(K2-3898), '同月十六日 甘結', "冊絲合結次 多繪匠壹名 卽刻內定送事 尙衣院".

28 『景宗御製添刊時謄錄』(奎14202), 四月初五日 多繪匠 劉海望 年三十六, "白等 矣身亦 御製進上進獻 冊絲次 紅眞絲陸兩 纓子貳介 幷以造納次 受去爲白去乎 今月十二日內 精造來納計料爲白置 若有過限不精之弊 則依法治罪敎事".

29 조계영, 「조선후기 중국 서책의 구입과 장황의 변화」, 『한국문화』 48, 2009, 31쪽.

30 朴齊家, 『北學議』 內編, '文房之具', "我國之書 編以彩繩如琴小絃者而恒絶 以急張而不弛故也 中國以雙絲縛之亦足 故余嘗藏中國書 非甚弊 不敢改裝 以其費而反害也".

31 『純宗實錄廳儀軌』(奎14177), '同日', "右甘結 爲實錄正本冊 粧䌙時 穿穴匠一名 待令事 訓練都監".

32 『純宗實錄廳儀軌』(奎14177), '同日', "右甘結 爲實錄冊粧䌙時 本局軍 穿穴匠 金景哲 自今日爲始 限畢役間 本役勿侵事 訓練都監".

33 이상백, 「조선 후기 사찰의 불서 간행 연구」, 한국학중앙연구원 박사학위 논문, 2021, 254, 258쪽.

34 박학수·한나라, 「외규장각 의궤 변철 조사」, 『외규장각 의궤의 장황』, 2014, 69~71쪽.

4장 책지의 공급과 활용

1 『續大典』, 「工典」, 雜令.

2 『내각일력』, 순조 24년 5월 22일.

3 『탁지준절』 六 紙地, "貼冊紙一貼 紙品草注紙 十張作一貼".

4 『승정원일기』, 영조 38년 2월 11일, "金相福曰 校書館有貼冊紙卷冊紙 而貼冊紙則紙品 與長興庫草注紙同 卷冊紙則與長興庫楮注紙同 而以其名色之不同 故不得通同取用 校書館紙 尙多遺在 長興庫紙 每患加用矣 自今爲始 校書館貼冊紙名色 改以貼冊紙次草注紙 卷冊紙名色 改以卷冊紙次楮注紙 而均其價通其用 則可無彼多遺在 此有加用之弊矣".

5 『璿源譜略校正廳儀軌』(奎12985), 庚辰六月日, "今六月二十五日 大臣備局堂上引見入侍 戶曹判書金㙐이啓 近來紙地甚貴 貢物下人 宗難措辦進排矣 凡冊子御覽件 固不敢請減紙品 而其餘頒賜之件 則以厚白紙印出 誠爲合宜 卽今校正廳冊紙 頒賜件亦當用千餘卷 此則御牒所載 雖難輕議 他餘校書館冊子 頒賜件則以厚白紙定式 何如 兵曹判書吳道一曰 當此時訛之日 經費不可不念 戶判所達然矣 璿源譜略 則御牒所載 決不可降品 而校書館凡干書冊紙品 以厚白紙定式 似宜矣 上曰 戶判所達亦是 校書館冊紙事 依爲之".

6 『璿源譜略改修時儀軌』(奎14017), '乙巳七月二十二日', "申思喆所曰 卽接校正廳啓下移文 則璿源譜略御覽件外 頒賜件所印楮注紙 至於四千卷之多 自前印冊紙地

校書館例爲進排 故取考遺在 則不過數百卷 而皆是久遠虛簿 實難責出 又欲卜定
於三南 則不無貽弊列邑之慮 反覆思量 終無善處之道 而臣曹有裁折禮單紙 其數
足可推移用之 紙品則雖不及於楮注紙 猶勝於行用壯紙矣 頒賜件 有異於御覽件
以此禮單紙 輸送印出 則臣曹雖有所失 於貢人及外方 亦可爲一分省弊之道 故敢
達矣 上曰 依爲之', 『승정원일기』, 영조 원년, 7월 22일.

7　『國朝寶鑑監印廳儀軌』(奎14938), 「監印事實」, 同月二十九日, "監印廳啓言 國朝寶
　鑑 今將始役矣 進上件及頒賜件 定其件數然後 所入紙地 方可磨鍊 各以幾件擧行
　乎 敢稟 傳曰 以進上件則貼冊紙三件 卷冊紙五件 白綿紙十二件 白紙十件 合三十
　件爲之 頒賜五十件 皆以白紙爲之 昨年八子百選刊印時 亦有申飭 紙厚有妨於
　披閱 今番印役 則紙地取用 切勿憑公點退 無或貽弊於貢人之意 各別嚴飭".

8　『승정원일기』, 헌종 2년 2월 1일, "趙寅永曰 今此兩聖朝御製開印 當爲始役 而件
　數與紙品 一遵正宗御製奉印時例 白綿紙二十件 貼冊紙十件 禮單紙十七件 卷冊
　紙二十件 白紙三件 合七十件奉印 而紙地所用 亦依已例爲之 何如 上曰 依爲之".

9　『璿源譜略改修時儀軌』(K2-3898), '同月十五日 甘結' '同月十六日 甘結' '同月
　十七日 甘結'.

10　『顯宗實錄纂修廳儀軌』(奎14163), '丁巳七月初四日 甘結, "實錄正本擣砧時所用
　本館所在砧木諸具 用後還下次 以輸送爲旀 砧木輸送車子一輛 今月初六日 領付
　于成均館 輸納本廳事 漢城府 成均館".

11　조계영, 「조선후기 왕실 서책 粧䌙時의 擣砧에 관한 고찰」, 『古文書研究』 31,
　2007, 261~262쪽.

12　『선조실록』, 선조 31년 12월 22일.

13　『승정원일기』, 영조 3년 3월 9일.

14　『승정원일기』, 영조 3년 3월 27일.

15　『璿源譜略改修時儀軌』(奎14017), "此與四書三經有異 一番改修時 印出三百餘件
　而卽今內間所藏新件甚多 非但浮費 藏置亦難致敬 此後則只改當改之張 而入之可
　矣".

16　『璿源譜略修正時儀軌』(奎14022), 丁未十月十二日, "上曰 御牒依所達修改 而譜略
　與御牒詳略不同 若無譜略則已 旣有之後不可忽也 而經費亦不可不顧 進上件只改
　其張 而當寕子孫錄張 亦爲修改可也".

17　『璿源譜略改修時儀軌』(奎14017), 乙巳七月初六日 定奪.

18　1744년에는 '見○作○'으로 수정 사항을 지시했다.

19　『璿源譜略修正時儀軌』(奎14022), 「譜略修改處」, "馨字張 新生翁主添入故 行數
　次次推退 至容字十四張 改板".

20　『璿源譜略修正時儀軌』(奎14022), 十一月十五日, "右甘結 今此璿源譜略改修時 補
　孔次 謄錄所付匠人金萬昌 當刻內定送爲旀 魚膠壹張 亦爲星火進排事 戶曹 軍器
　寺 內需司". 十二月十一日, 戶曹公事 "譜略子孫錄小註中 可改處改刻乙仍于 舊板
　子鑴削補孔開刊矣".

21　1725년 숙빈 최씨의 사당을 경복궁 북쪽에 건립하고 '淑嬪廟'라 일컫다가, 1744년
　에 숙빈 최씨의 기일을 맞아 '毓祥廟'로 정했다. 李賢珍, 「영·정조대 육상궁의 조
　성과 운영」, 『震檀學報』 第107號, 震檀學會, 2009, 100쪽.

22　『영조실록』, 영조 24년 6월 13일, "命改童蒙先習 上覽童蒙先習末章 高麗恭讓王
　瑤 斥書其名 上謂侍臣曰 我太祖嘗北面事恭讓王矣 此非列祖待前朝之意 其令芸

館 洗補舊板 書其廟號".

23 천혜봉,『한국서지학』, 민음사, 2007, 140쪽.

24 『震覽』(가람古 903 J563), 「行用吏文」, '蹄紙', "굽지 歲幣紙 長廣剪出者也".

25 李德懋, 『青莊館全書』卷之六十一, 盎葉記八, '冊葉輕薄', "另出冊紙尺樣 分大中小三品 頒于産紙之鄉 造紙之匠 務其至薄至白 然後撝書 則無蹄紙太廣之弊 蹄紙者 冊三方之所截也 利歸於冊工 可謂暴殄天物 且製樣大 故冊兩重 斤兩重 故價本高 價本高 故撝印不廣 撝印不廣 故藏弆不易 況濟之以無嗜書之癖 罕勤讀之士也哉".

26 朴齊家, 『北學議』內篇, 紙, "又紙簾無尺度 凡裁書冊 割半則太大 其餘皆入斷棄三裁則太短無字根 又八道之紙 長短皆不齊 以此而失紙者 凡幾何哉 凡紙不必盡入於書 而必以書爲長短者 以合於此者 亦可以他用 而不合於此 則所失甚大 中國之紙 尺度相同 蓋審於此耳 非特紙也 他物莫不不然 我國布帛之廣 有萬不同者 以不飭織筬故也 紙簾亦當頒一定之規於國中 爲宜".

27 『璿源譜略校正廳儀軌』(奎14029), '七月十二日 戶曹公事', "爲相考事 今此璿源譜略 進上進獻件及頒賜件修正時 所入諸般物力 從實取用後 後錄爲去乎 依後錄會減向事".

28 『璿源譜略校正廳儀軌』(奎14029), '六月初九日 稟目', "譜略冊子紙地 載絶後 蹄紙合以計數 則肆百壹斤是乎所 考見前例 則有唱准書吏令軍士等處 分給之例矣 今番則 何以爲之 稟 堂上手決內 依例分給".

29 『萬機要覽』, 「財用篇」五, '歲幣', '封裹式', "油芚二百五十一浮 以大小好紙 載絶蹄紙 六百四十二斤十三兩 上下紙匠浮取 出給長興庫着油 每浮所入法油四合 義盈庫進排".

30 『度支定例』, 「戶曹」, '歲幣封裹所入' '肆張付油芚貳番 參張付油芚貳番'.

31 『度支定例』, 「戶曹」, '聖節冬至正朝 三起方物每起', "(…) 白綿紙 聖節壹千肆百卷 冬至正朝 各壹千參百卷 ○補 每千卷拾卷 ○戶曹'. '謝恩方物', "白綿紙 貳千卷 陳奏同 ○補 每千卷拾卷 ○戶曹'.

32 『林園經濟志』, 「贍用志」卷二, '塗料' '牖塗', "中國燕京熱河宮殿牕牖 皆用我國貢職塗之 爲其堅靭耐久也 然燕貢白綿紙 非東紙之佳品 當用全州簡壯紙 糊牕(金華耕讀記)".

33 『庚申年庫次知 各項紙物謄書 等等傳掌冊』(古4259-103-1), 「庚申八月日」, '白綿紙秩', "三月二十三日 金行首舜柱 在家卜定蹄紙 十五斤 (…) 合壹百斤 京造二十卷浮取次'.

34 위의 책, 「庚申八月日」, '白綿紙秩', "四月十七日 壯蹄紙貳斤 成均館入送下朔紙 刀鍊蹄紙" "五月二十五日 壯蹄紙壹斤柒兩重 成均館入送白綿紙 改作禮單紙蹄紙".

35 위의 책, 「辛酉八月日」, '各樣傳掌秩', "壯蹄紙參斤柒兩重 五月初九日 啓目紙浮取時用'.

36 위의 책, 「辛酉八月日」, '各樣傳掌秩', "五月六月等 成均館下草紙 刀鍊蹄紙 參斤拾壹兩重 白紙蹄紙 拾肆斤'.

37 위의 책, 「癸亥二月九日 庫次知長件記」, '雜物記', "壯蹄紙 參斤拾壹兩重 白蹄紙 拾肆斤重 九月初五日 林下公員允 發賣".

1 『大典續錄』, "校書館唱准 副司勇二 兩都目".

2 『續大典』, 兵典, 番次都目, "校書館唱準 番次長番 都目四 正月四月七月十月 遞兒 從八品四 補字官 番次長番 都目四 正月四月七月十月 遞兒從九品一".

3 『奎章閣志』 職官第二, 差除, "監書六員 猶芸閣之有唱準 所以本閣啓下文書應製 文字 分掌句檢者也".

4 『大典續錄』 兵典, 除授, "校書館唱准人 諸書印出時 領職除授".

5 『續大典』 兵典, 雜職, "承文院諸員三人 領職除授 校書館唱准印書時 畫員詣闕別 畫時 領職除授".

6 『승정원일기』, 인조 4년 7월 20일.

7 『牧民大方』, 「工典之屬」, '惠工匠'.

8 장경희, 『의궤 속 조선의 장인』, 솔과학, 2013, 26~28쪽.

9 이영훈 편, 『수량경제사로 다시 본 조선후기』, 2008, 45~47쪽.

10 『景宗實錄纂修廳儀軌』(奎19357), '壬子五月十六日 備忘記', "今此賞格中 人雖數 事 其勿疊受 已故者 未滿十日者 依近例竝勿論".

11 이영훈 편, 『수량경제사로 다시 본 조선후기』, 2008, 45~47쪽.

12 『大典續錄』 戶典, 支供, "校書館唱准粧冊諸員 承文院紙鍊書員 時仕畫員及凡諸 處功役人 雖授正職 其供饋 竝依雜職例".

13 『顯宗實錄纂修廳儀軌』(奎14163), 甘結秩, 乙卯閏五月十四日.

14 『顯宗實錄纂修廳儀軌』(奎14163), 移文秩, 辛亥六月二十一日 戶兵曹了.

15 『大典續錄』 禮典, 獎勸, "校書館書冊印出時 無誤錯 則監印官 臨時啓達論賞 唱准 人 依事緊例給別仕 每一卷三字以上誤錯 則監印官論罰 唱准人及守藏均字匠印出 匠竝削仕".

16 『大典後續錄』 兵典, 復戶, "校書館 唱准守藏粧冊諸員 (…) 各司諸色匠人 (…) 竝 復戶".

17 『度支定例』, 「校書館」, "以上隨其役事大小 算摘磨鍊 而無過此數".

18 『度支定例』, 「校書館」, '刻手所用(木板新刊時 所用同)'.

19 불서나 의궤를 통한 각수 연구는 다른 장인에 비해 연구 성과가 축적되었다. 김상 호, 『조선의 각수 연구』, 대구대학교출판부, 2013.

20 김상호, 「『國朝寶鑑』 1782年 板本의 刻手 研究」, 『書誌學硏究』 44, 2009, 205쪽.

21 『顯宗實錄纂修廳儀軌』(奎14163), 甘結秩, 乙卯五月初十日, "甘結 印札井間次 畫員一人 刻手一名 蹄刻匠一名等 當刻內定送事".

22 『宣祖實錄修正廳儀軌』(奎14155), 甘結秩, 同月十七日.

23 『顯宗實錄纂修廳儀軌』(奎14163), 移文秩, 丙辰二月二十日.

24 위의 책, 移文秩, 丁巳六月初五日 京監了.

25 위의 책, 移文秩, 丙辰二月十九日.

26 위의 책, 移文秩, 乙卯十二月初二日.

27 위의 책, 移文秩, 丁巳六月十四日.

28 『經國大典註解』 吏典, 雜職條, 校書館守藏, "範銅爲字 以印書籍 守其所藏者曰守 藏".

29 『慵齋叢話』 卷之七, "遂分諸字 貯於藏櫃 其守者 曰守藏 年少公奴爲之 其書草唱

准者 曰唱准 皆解文者爲之".

30 『顯宗實錄纂修廳儀軌』(奎14163), 移文秩, 丁巳七月十三日, "爲相考事 今此實錄印
    出時 抄記鑄字 又爲不足故 不得已加鑄爲去乎".

31 위의 책, 甘結秩, 乙卯十二月初四日, "甘結 今日爲始 撥分字始役爲去乎 守櫃諸員
    十人所用 抄字次白紙四卷 白膠筆五柄 眞墨二丁 紫硯二面 當刻進排事".

32 위의 책, 甘結秩, 乙卯十二月初四日, "鑄字入盛櫃 柒櫃內 二櫃罷落爲有置 急速算
    摘磨鍊 仍修補爲旀 鎖鑰排目具 亦爲算摘進排事".

33 위의 책, 移文秩, 丙辰二月十九日, "爲相考事 今此實錄印出時所用 鑄字入盛櫃
    二部 仍修補 及舌閣九十部 小蘭一百六十八介 均字板二十三立等 朴只各一寸釘
    一千六百七十介…木手二名 具助役".

34 『哲宗實錄廳儀軌』(奎14184), 乙丑閏五月十六日, "實錄鑄字櫃 還入時 軍人八名
    待令本廳事 兵曹衛將所".

35 『英祖實錄廳儀軌』(奎14171), 別工作謄錄, 庚子六月十三日, "一爲行下事 今此 實
    錄印出時 本廳甘據 守櫃諸員 所用小沙板 無井間者 二十立".

36 조계영, 「조선후기 실록의 세초 기록물과 절차」, 『고문서연구』 44, 2014, 135～
    136쪽.

37 『英宗實錄廳儀軌』(奎14171), 校讐廳甘結秩, 辛丑三月十一日, "右甘結爲 印出時
    守藏諸員 竹箸次 厚長竹三節進排爲旀".

38 『肅宗實錄纂修廳儀軌』(奎14168), 甘結秩, 丁未四月初一日, "右甘結爲 今此實錄
    印出時 校正唱准六人 校正次 朱筆四柄 上板諸員五人 抄記次 朱筆二柄 磻朱紅
    一斤 朱器次 沙鉢五立 進排爲旀".

39 옥영정, 「조선시대 인쇄관청의 활자인쇄 장인 연구」, 『한국문화』 47, 2009, 90～
    91쪽.

40 김연주, 『영건의궤류의 차자 표기 연구』, 아세아문화사, 2009, 331～337쪽.

41 『純宗實錄儀軌』(奎14177), 校正廳甘結秩, 戊戌二月日, "右甘結爲 割付唱準所用
    黃筆眞墨各一 同進排事 工曹".

42 『내각일력』, 1783년 10월 11일, "徐浩修日 綸音印役 昨已完訖 而二十件先爲進上
    後 唱準輩 各自歸家 不卽分類以給 故以致粧潢之遲滯 餘數五百八十件 則今朝始
    爲入來 安寶工役 未畢之前 唱準輩之任意歸家萬萬痛駭 唱準雖如此 入直官員之
    全不檢飭 尤爲驚怪 校書館昨日入直官員 令該所拿問處之 赴役唱準等 幷移送該
    曹 從重科罪 以懲日後 何如 上日 依爲之 唱準則不必令攸司科治 自本館科治 可
    也".

43 『璿源譜略修正宗簿寺儀軌』(奎14039), 同日戶曹了, "爲相考事 今此璿源譜略 頒賜
    件貳百肆拾壹件 修正時 洗補唱準伍人 冊匠伍名 使喚軍貳名等 各壹朔料米上下
    輸送向事".

44 『大典後續錄』禮典, 雜令, "書冊印出時 監印官監校官唱准守藏均字匠 每一卷一
    字誤錯者 笞三十 每一字加一等 印出匠 每一卷一字或濃墨或熹微者 笞三十 每一
    字加一等 竝計字數治罪 官員 五子以上罷黜 唱准以下匠人論罪後 削仕五十 竝勿
    揀赦前 元本字誤者 不在此限".

45 『宣祖實錄修正廳儀軌』(奎14155), 甘結秩, 同日, "印出時 補字官校正唱準所用 紫
    硯二面 補書次 黃筆一柄 眞墨一丁".

46 『선조실록』, 선조 6년 3월 17일.

47 『六典條例』卷之六 禮典, 校書館, 總例.

48 『新補受教輯錄』, 工典, 工匠條, '康熙甲寅承傳'.

6장 책의 진상과 봉안

1 『승정원일기』, 숙종 45년 9월 26일.

2 『승정원일기』, 경종 즉위년 12월 27일.

3 『승정원일기』, 현종 2년 2월 20일.

4 『승정원일기』, 영조 2년 4월 21일.

5 『정조실록』, 정조 5년 3월 24일.

6 『度支定例』(奎4206), 「璿源錄廳」, '書冊秩'.

7 「壬戌年江華鼎足山形止案」(奎9471), '今番形止案二卷內 一卷持去本寺 一卷留上'.

8 종부시의 관원은 都提調 2員, 提調 2員, 正 1員, 主簿 1員, 直長 1員으로 구성되었
다. 종부시의 도제조는 대군이나 왕자군만이 임명될 수 있었고, 도제조가 없는
경우에는 두 명의 提調가 임명되었다. 1679년부터는 제조 한 명은 宗班 중에서
임명하도록 하여 영조 대까지 종반인 종부시 제도가 주도적인 역할을 담당했다.
『宗簿寺謄錄』(奎13006-1), 「職掌條」.

9 『宗簿寺堂上先生案』(K2-594), "都提調延礽君 壬辰五月初五日政除授 (…) 都提
調延齡君 乙未十二月二十六日政除授".

10 『승정원일기』, 인조 10년 6월 7일, "金光炫以春秋館郞廳 以領監事諸堂上意啓曰
伏見江原監司狀啓 江陵史庫有雨漏處云 史官一員 趁此霖雨稍霽之時 急速下送
曝曬 而雨漏處令本道卽爲修治 宜當 敢啓 傳曰依啓".

11 『승정원일기』, 인조 6년 5월 27일, "金尙憲以侍講院言啓曰 本院書冊 上年胡變時
沒數移送于江都 及還都時事未定 姑留置于僻處矣 若經前頭霾雨 則非但蟲蠹
可慮 或不無引濕腐朽之患 書吏一人給馬下送 使之點閱曝曬 何如 傳曰依啓"

12 「康熙四十二年六月日 江華府鼎足山城 璿源閣雨漏處修改時形止案」(奎9237), "御
牒璿源錄 移安于翠香堂 一邊曝曬 一邊修改衣 日官推擇 以二十一日 還安于璿源
閣".

13 『내각일력』, 정조 15년 4월 27일.

14 전봉희·이강민, 『3칸×3칸』, 서울대학교출판부, 2009, 15, 29쪽.

15 『정조실록』, 정조 6년 2월 14일.

16 김정미, 「장서각 소장 『적상산사고실록형지안』 연구」, 『서지학보』 제38집, 2011,
308쪽.

17 『奎章閣志』卷二, 院規第七, 「雜式」, "摛文院印信有二 一曰奎章閣學士之印 提學
直提學主之 一曰摛文院印 直閣待敎主之".

18 『내각일력』, 정조 6년 3월 29일.

19 『純祖冠禮冊儲都監儀軌』(奎13119), '竹冊封裹式'. 정조의 죽책에서는 내궤와 외
궤를 함과 외함으로 기술했고, 함을 겹보자기로 쌌다.

20 『肅宗仁敬王后嘉禮都監儀軌』(奎13078), 「稟目及移文秩」, 辛亥三月十九日, "取考丁
未年世子冊禮時謄錄 則竹冊內函入盛衣香五貼 印朱筒入盛衣香各一貼 及朱筒入
盛唐朱紅一兩 載錄爲有置 係是內入之物 一依丁未年謄錄進排事 捧甘各該司 何

如 堂上手決 依".

21 『承政院日記』 정조 5년 3월 10일, "冊寶敎命 冊封或登極後 移奉于本府 待可用時 還爲取來 體面莫重 豈可只任中官之手乎".

22 「外奎章閣形止案」(奎9139), '西一卓', "癸丑新印三經四書 一件入一樻'.

7장 책의 완성을 축하하기

1 『海東竹枝』 中, 洗鋤宴, "舊俗 七月中旬 自郊外遍于各地 鋤禾已畢 酒餠相樂 名之曰호미씨시".

2 『茶山詩文集』 第三卷 詩, 「奉和聖製洗書禮識喜」, "村里人敎兒讀書卒業 爲具看羞 謂之洗書禮 時主上讀左傳畢 惠慶宮辦洗書禮 御製詩以此".

3 『弘齋全書』 卷七, 詩 三, 「春秋完讀日 慈宮設饌識喜 唸示諸臣」, "記昔幼少時 讀完一帙 慈宮輒設小饌以識喜 俗所稱冊施時之禮是也".

4 『光海君日記纂修廳儀軌』(奎14157) 甲戌五月十七日, "實錄纂修後 摠裁官以下 往彰義門外遮日巖 取其本草到硏沈水 洗其墨跡 送于該曹 謂之洗草 而有賜宴之例矣".

5 『英宗實錄廳儀軌』(奎14171), 「校讎廳謄錄」, 辛丑七月初一日, "實錄廳郞廳 以摠裁官意啓曰 實錄旣已完畢 政院日記自明日移送政院 時政記及中草 則實錄奉安春秋館之時 並送于本館 姑爲留藏 以待洗草之時 何如 傳曰允".

6 『영조실록』, 영조 7년 6월 9일, "肅廟朝實錄 久已告成 摠裁官李堞請 依例行洗草 上可之 仍命史局堂郞曾經者 并付軍衛使進參 十二日癸卯 行洗草于蕩春臺 宴以國恤停".

7 『肅宗實錄廳儀軌』(奎14168) 辛亥六月初七日, "右甘結爲 今此 肅廟實錄時政記到硏次 冊匠拾名 及紙匠拾名 明日罷漏時 待令于實錄廳爲乎矣 到硏刀各自持來爲於 到硏入盛綱具空石伍拾立 明日未明時 來納本廳事 校書館 造紙署 廣興倉 軍資監".

8 申炳周, 「왕실에서의 기록물 생산과 보존」, 『古文書硏究』 제28호, 2006, 4쪽.

9 『승정원일기』, 경종 3년 10월 19일.

10 『英宗實錄廳儀軌』(奎14171), 「校讐廳甘結秩」, '庚子五月二十六日', "無論白休紙災傷休紙 皆染墨搗用 則休紙之名一也 白休紙 取用於貢人 災傷休紙 卽是地部剩儲之物".

11 『虛白先生續集』 卷之五 記, 「修史記」, "洗草云者 蓋修史畢 將塗抹本草 臨流洗去之也".

12 『端宗實錄附錄撰輯廳儀軌』(奎14153), 「甘結秩」, 同月二十八日.

13 『정조실록』, 정조 10년 5월 13일.

14 오항녕, 『실록이란 무엇인가』, 역사비평사, 2018, 194쪽.

15 『顯宗實錄纂修廳儀軌』(奎14163), 「啓辭秩」, '丁巳九月十一日' '丁巳九月十三日'.

16 『영조실록』, 영조 15년 1월 18일.

17 『英宗實錄廳儀軌』(奎14171), '辛丑七月初九日', "傳曰知道 內宣醞 今無可爲之道 近侍衛率 朝夕宣飯之制罷後 凡係物力 並屬經費 伊後 有饋酒之例 自均役創設之後 內需司魚鹽之稅 屬之公家 而此制罷矣 又其後 有單饋酒之例 所費專靠四宮量

外之稅 未準之繼 而盡付戶曹出稅 而此制又罷矣 此等雜費 公需之舊例應下者 並
在剋削之中 今欲遵古例 行兩次內宣醞 問諸該掌官 皆將責出戶曹云...今若並令戶
曹擧行 便是三次宣醞 名實不孚 只行外宣醞之外無他道 以此意更爲磨鍊節目入
啓 若此則政府宣醞一節 何以則不至有廢其例之歎乎 亦爲論理稟處'.

18 『英宗實錄廳儀軌』(奎14171), '來關秩', '辛丑七月十一日'.

19 위의 책, '辛丑七月初九日', "近來補階 非進宴及謁聖大殿座 並不設 此亦釐正處".

20 위의 책, '議政府內宣醞 及遮日巖外宣醞時 應行節目'.

21 위의 책, 校讎廳謄錄, 辛丑七月二十二日, 「議政府宣醞時儀」.
　① 其日宣醞將至 執事通禮院官員 以宣醞置於卓上.
　② 中使詣卓東 西向拜 訖仍立卓東西向.
　③ 執事引摠裁官以下 俱詣卓前北向立 執事唱四拜 摠裁官以下皆四拜 訖俱以次
就座.
　④ 中使亦就座 進宣醞床 中使詣卓東西向立.
　⑤ 班首進詣卓前北向跪 中使以爵授之 班首受爵飮 訖俯伏興還就座.
　⑥ 諸宰各以此 進詣卓前北向跪 受爵飮 訖俯伏興還就座.
　⑦ 班首進立於卓東東向 中使卓前北向跪 班首以爵授之 中使受爵飮 訖俯伏興退
就座.
　⑧ 宣醞行杯畢 摠裁官以下 以次出以時服行禮.

22 위의 책, '移文秩', '辛丑七月日兵曹了' '辛丑七月日三軍門了'.

23 『六典條例』卷之六 禮典, 禮賓寺(掌賓客燕享 宗宰供饋 等事) 宣醞 ○ 實錄洗草
時 總裁官以下分三寺 每盤 麪一器 餠三器 白雪 只松 膏切餠 湯一器 團子 片肉一
器 果一器 淸蜜一器 醋醬一器.

24 『英宗實錄廳儀軌』(奎14171), '辛丑七月二十六日', 「進謝箋儀」.

25 위의 책, 校讎廳謄錄, 「進謝箋儀」.
　① 其日 置案於仁政殿下庭東邊正北南向.
　② 摠裁官以下 拜位於殿庭近南北向.
　③ 其日 以箋函盛龍亭 細儀仗鼓吹前導 至仁政門外 鼓吹退龍亭由正門入.
　④ 執事忠贊衛 以箋函置於案 摠裁官以下 黑團領入就拜位 承傳出就箋案 至東西
向立.
　⑤ 贊儀唱四拜 在位之官皆四拜 贊儀唱跪 在位之官皆跪.
　⑥ 執事以箋函跪 進于摠裁官前 摠裁官受函以授承傳 承傳受函以授司謁捧入 承
傳出復位西向立.
　⑦ 贊儀唱俯伏興四拜 在位之官俯伏興四拜 訖以次出外任亦進參.

26 『宣祖實錄修正廳儀軌』(奎14155), '同日丁酉 同月二十六日'.

27 오항녕, 『실록이란 무엇인가』, 역사비평사, 2018, 73쪽.

28 조계영, 「조선후기 『열성어제』의 편간과 보존」, 『서지학연구』 제44집, 2009, 477,
488쪽.

29 조계영, 「조선후기 睿製의 보존」, 『인문과학연구논총』 제28호, 2008, 117~120쪽.

1 『승정원일기』, 영조 17년 3월 27일, "講罷 成中曰 本館所在書冊置簿 題以內府圖書之籍 可見事體之至重 而外間借去其數甚多 年久不還 或有闕失之弊 館中見存者 纔十之三四 或有不時內入之命 講筵取考之事 則必致狼狽 誠極寒心".

2 『日閑齋所在冊置簿』에 '春秋四傳一件 共五十五'으로 기록되어 있으며, 반사 기록 '康熙四十三年正月二十三日內賜 延礽君昑 春秋四傳一件 命除謝恩'이 있는 『춘추집전대전』(K1-132)의 권수卷首 1책과 『춘추집전대전』(K1-135甲)의 55권 54책이 한 질이다.

3 『日閑齋所在冊置簿』에는 '春秋補編乾坤'이라고 기록되어 있다. 『춘추보편春秋補編』(奎2302)의 면지에는 '康熙四十季五月二十日內賜 延礽君昑 春秋補編一件 命除謝恩, 左副承旨 臣 洪(署名)'이라고 기록되어 있는데, 이때의 승정원의 좌부승지는 洪受疇이다.

4 황정연, 『조선시대 서화수장 연구』, 신구문화사, 2012, 412~413쪽.

5 이 책은 이이가 편찬한 『소학제가집주』에 숙종의 '御製小學序'를 수록해 1695년에 간행한 것이다.

6 『小學諸家集註』(奎11680), '內與小學壹件 予卽祚十二年丙辰正月二十一日 世子周年也'.

7 위의 책, '癸酉九月卄二日 太朝錫我初誕辰冊 傳于元孫初誕辰也 永垂于後'.

8 위의 책, '聖上錫我我傳孫 我誕孫誕辰用是 以來其間十八載 獲覩今日舒此時'.

9 윤정, 「숙종~영조대의 세자 교육과 『소학』」, 『규장각』27, 2004, 41~43쪽.

10 『일성록』, 정조 19년 7월 13일.

11 『일성록』, 정조 19년 9월 15일.

12 『일성록』, 정조 19년 11월 1일.

13 『弘齋全書』182권, 「羣書標記」4, ○ 御定 4「贗載軸 四十八卷」.

14 위의 책, 「內苑賞花贗載軸」.

15 위의 책, "寶鑑纂輯廳贗載軸 刊本 ○ 辛丑八月 先大王實錄告完 列聖朝寶鑑將成 予念諸臣夙夜佽畢之勞 特遣史官宣醞 仍賜五言近體詩 贗載者 十五人".

16 허태용, 「正祖의 繼志述事 기념사업과 『國朝寶鑑』 편찬」, 『韓國思想史學』제43집, 2013, 200쪽.

17 『國朝寶鑑監印廳儀軌』(奎14938), 「纂輯廳纂輯事實」, 同月初五日, "上曰 今日諸堂皆入直耶 鄭志儉曰 然矣 上曰 今日當自內宣醞 兼下御製 諸堂皆贗進可也 將欲入梓 揭板于本館 以爲傳後之資 諸堂善爲製進之意 傳之好矣".

18 『홍재전서』에는 2구의 '於戱'가 '巍煥'로 바뀌었다. 『弘齋全書』第5卷 詩1, 「示纂輯諸臣」, '列朝盛德事 巍煥可能忘 縱有名山秘 惟憑寶鑑詳 諸臣模日月 小子寓羹墻 一統書成後 治謨萬世長'.

19 『國朝寶鑑監印廳儀軌』(奎14938), 「纂輯廳纂輯事實」, 同月十三日, "上曰 日昨傳教卿等果知之乎 卿等實有勞於是役也 時有休暇之道然後 可責實效 且陵幸當前 自明日姑停 至十七日始役可也".

20 『일성록』, 정조 5년 8월 13일.

21 이노우에 스스무, 『중국 출판문화사』, 이동철·장원철·이정희 옮김, 2013, 6쪽.

22 『숙종실록』, 숙종 24년 11월 24일, "上又曰 陵上石物 倣厚陵例者 是予平日之心

故旣以今番及日後 皆從此規之意下教 而書冊衣服納於退壙 雖是前例 以古事言之 漢文帝灞陵 獨免掘發之禍 壬辰之亂 宣靖陵遭罔極之變 自今以後勿納壙中 可也".

23 규장각한국학연구원에 현전하지 않은 의궤는 국립중앙박물관의 외규장각의궤를 참고했으며, 해당 의궤번호는 국립중앙박물관이 부여한 유물 번호다.

24 『승정원일기』, 영조 즉위년 9월 16일 병진.

25 『英祖國葬都監儀軌』(奎13581), 「國葬都監二房儀軌」「服玩秩」, "服玩函一 用松板 外黑眞漆 內塗紅絹 長二尺一寸 廣一尺六寸二分 高七寸八分 用禮器尺 內外袱 尙方造作進排 所盛則冕服諸具及梳函 鏡匣 御押刻橫一 宣傳標信三十一 問安牌七 開門標信五 閉門標信五 摘奸牌十 兵曹摘奸牌一 都總府奸牌二 大將牌二 命招十 密符四十五 加造密符九 御製十七卷 小學五卷 ○依補編 御押刻橫以下 至御製十七卷 並同入於服玩函中 而都廳徐有防入侍時 親承下教 又添入小學五卷".

26 『英祖元陵山陵都監儀軌』(奎13581), 「大浮石所儀軌」, 「稟目秩」, 石函尺量.

27 『국조상례보편』은 각 조목에 따른 의례를 거행하기 위해 필요한 물품을 '諸具'라는 항목에 수록하고 설명하고 있다. 『國朝喪禮補編』 卷2, 發引儀 諸具, "標信 遺書 遺衣 以上三件 臨時內出 ○函二 所以盛遺書遺衣者".

28 이욱, 『조선시대 국왕의 죽음과 상장례』, 민속원, 2017, 152쪽.

29 『英祖國葬都監都廳儀軌』(奎13581), 丙申四月十二日, "校正郞廳入侍時 傳曰 列聖御製 退壙奉安件一件 粧以藍緞衣 裹以紅緞裌 盛樻子朱漆畵龍 隨畢役 奉安殯殿 因山時 羽葆前盛於彩輿奉安事 分付都監".

30 『禮記』, 「喪大記」에서 '관을 움직이는 자는 우보를 들고 인도한다'고 규정했다. 이욱, 앞의 책, 166쪽.

31 1776년 간행한 『열성어제』 23책은 '목록1·2·3(2책), 어제 37권(19책), 별편 권2·3(2책)'으로 구성되었다.

32 『정조실록』, 정조 즉위년 9월 25일.

33 『승정원일기』, 정조 즉위년 4월 12일, "校正郞廳入侍時 傳曰 列聖御製 退壙奉安件一件 粧以藍緞衣 裹以紅緞裌 盛樻子朱漆畵龍 隨畢役奉安殯殿 因山時 羽葆前 盛於彩輿奉安事 分付都監".

34 『英祖國葬都監儀軌』(奎13581), 「二房儀軌」, 「稟目秩」, "一 因傳教 服玩函同入 小學五卷改衣 粧績所入磨鍊 以稟爲去乎 依此捧甘取用 何如 堂上 手決內依 戶曹 工曹 平市署 長興庫 義盈庫 禮賓寺, 衣次 藁正紙五張 褙接次 白紙十五張 面紙次 厚白紙五張 粧績次 紅眞絲三戔 膠末五合 黃蜜三戔 家猪毛二兩 寫題目所用 黃筆 眞墨 各一".

35 『弘文館志』 進講第三, 進講書冊, "如値國恤 則御覽冊一帙 還爲請出 以藥精紙及青絲 改裝以入".

36 권오영, 「영조의 제왕학 학습과 정치이념」, 『영조의 국가정책과 정치이념』, 한국학중앙연구원출판부, 2012, 292~293쪽.

37 『弘齋全書』 卷十七, 行錄, 「英宗大王行錄」 丙申, "王常誦小學 如已言 至春秋篤老之時 或講讀不已 小子以小學藏之元陵壙中 敢效寧陵壙中 殉心經故事也".

38 『正祖國葬都監儀軌』(奎13634), 「一房儀軌」, '造作秩', "○ 彩轝十部 一部贈玉帛所盛 一部哀冊所盛 二部誌石所盛 一部御製所盛 今番造作不用 一部脊槓所盛 一部磁器槓所盛 一部樂器槓所盛 一部籩豆槓所盛 一部服玩函所盛 以上馬木具 ○ 架子二部 一部遺衣稱所盛 一部几杖所盛".

39 『正祖國葬都監儀軌』(奎13634), 承傳, 庚申十月日, 吏曹爲牒報事, "今此因山敎是時 差備官加磨鍊 後錄牒報爲去乎 相考施行爲只爲 後 御製樻差備 檢書官 自內閣擧行 前期直詣陵所".

40 『奎章閣志』(奎28) 卷一, 奉安第三, 奉謨訓 奉御眞: 編次第四, "閣之設 爲奉安也 而官有人 職有務 則編次聖製 又其務之大者 故編次之事實儀節 竝敍于此".

41 『正祖國葬都監儀軌』(奎13634), 承傳, 同日, "都監郎廳以總護使意啓曰 退壙奉安 御製冊 粧衣裹袱緞品 大小冊匣及樻子等節 令內閣預爲稟旨詳細 知委擧行 何如 傳曰允".

42 『正祖國葬都監儀軌』(奎13634), 「二房儀軌」, '樻函秩', "御製樻 御製六函 共一百二十冊 手圈全函 共十二冊 新印三經四書三函 共五十冊 分盛于灰函十部 每部石灰四十三斗 白紙三卷十張 法油五斗 三物均搗作匣 作蓋片覆之 內外黑漆 匣面以倭朱紅書冊名 ○今番則 自內閣造作".

43 『내각일력』, 정조 18년 2월 16일, "外閣新印三經四書 始役於癸丑四月十五日 畢印於今正月二十四日 至是日粧繢進上".

44 『정조실록』, 정조 18년 1월 24일, "命以三經四書一本 藏於宙合樓 謂閣臣曰 謹守之 昔寧陵以心經殉 丙申山陵殉小學 予蓋將繼述也".

45 『정조실록』, 정조 22년 11월 30일.

46 『순조실록』, 순조 1년 7월 19일.

47 『정조실록』, 정조 23년 12월 21일.

48 『승정원일기』, 고종 1년 1월 2일, "尹滋承以奎章閣言啓曰 卽接國葬都監草記 則今此國葬時 退壙奉安遺書 卷帙多寡 匣樻大小 粧衣裹袱 所用緞品 令內閣預先稟旨 擧行事 允下矣 謹稽庚申巳例 則御製及內下三經四書四部手圈奉安 甲午己酉巳例 則只以御製奉安退壙矣 今番何以爲之 而御製繕寫 一時爲急 內藏大行大王御製 請出之意 敢啓 傳曰知道 己酉年例爲之 御製當內下矣".

49 『純祖仁陵山陵都監儀軌』(奎13678), 「大浮石所儀軌」, "御製所盛灰函 內高一尺二寸五分 內長一尺三寸五分 內廣九寸一分 體厚蓋厚各二寸 灰函國葬都監造成". 『憲宗景陵山陵都監儀軌』(奎13791), 「大浮石所儀軌」, "御製灰函樻 自國葬都監造成 長一尺三寸 高廣竝一尺一寸".

책의 탄생
조선시대 책의 형태와 구성, 제작의 모든 것

초판 인쇄 2022년 10월 12일
초판 발행 2022년 10월 26일

지은이 조계영
펴낸이 강성민
편집장 이은혜
편집   김유나
마케팅 정민호 이숙재 김도윤 한민아 정진아 이민경 정유선 김수인
브랜딩 함유지 함근아 김희숙 고보미 박민재 박진희 정승민
제 작 강신은 김동욱 임현식

펴낸곳 (주)글항아리 | 출판등록 2009년 1월 19일 제406-2009-000002호

주소 10881 경기도 파주시 회동길 210
전자우편 bookpot@hanmail.net
전화번호 031) 955-2696(마케팅) 031) 955-1934(편집부)
팩스 031) 955-2557

ISBN 979-11-6909-036-0 93910

잘못된 책은 구입하신 서점에서 교환해드립니다.
기타 교환 문의 031) 955-2661, 3580

www.geulhangari.com

이 저서는 2014년도 대한민국 교육부와 한국학중앙연구원(한국학진흥사업단)을 통해
한국학 총서(왕실문화총서) 사업의 지원을 받아 수행된 연구입니다. (AKS-2014-KSS-1130005)